# MES CARTES MENTALES

## pour découvrir

# L'ANTIQUITÉ

## en un coup d'œil

Bayard Jeunesse

Textes : Elisabeth de Lambilly.
Illustrations : Gabrielle Berger et Mary Gribouille.
L'éditrice tient à remercier Telma Breul et Amandine Schneider pour leur aide précieuse.


15, bd Gabriel Péri, 92240, Malakoff
ISBN : 979-10-363-7182-0
Dépôt légal : avril 2025


Loi n°49-956 du 16 juillet 1949 sur les publications destinées à la jeunesse
Imprimé en Slovénie

FSC www.fsc.org
MIXTE
Papier | Pour une gestion forestière responsable
FSC® C106600

Elisabeth de Lambilly • Gabrielle Berger • Mary Gribouille

# MES CARTES MENTALES

## pour découvrir

# L'ANTIQUITÉ

## en un coup d'œil

Bayard Jeunesse

# SOMMAIRE

# Qu'est-ce qu'une CARTE MENTALE ?

- Elle sert à expliquer un sujet grâce à des **ÉLÉMENTS VISUELS**
  - Des **MOTS-CLÉS**
  - Des **ILLUSTRATIONS**
  - Des couleurs et une **HIÉRARCHIE** des idées
- On l'appelle «carte» car elle donne une **VISION D'ENSEMBLE**
  - Elle explique une notion sur **UNE SEULE PAGE**
  - On peut suivre différents **CHEMINS** de lecture
  - Elle permet d'établir des **LIENS**
- Un schéma reconnu qui aide à la **COMPRÉHENSION**
  - Il permet de **MÉMORISER** plus facilement
  - On l'appelle aussi «**ARBRE À IDÉES**» ou «**SCHÉMA HEURISTIQUE**»
  - C'est un modèle qui suit le fonctionnement de la **PENSÉE**

# LA MÉSOPOTAMIE

La Mésopotamie est une région du Moyen-Orient. Son nom signifie « entre deux fleuves » car elle est arrosée par le Tigre et l'Euphrate. Les premières villes de l'humanité y sont nées, et l'agriculture s'y est développée. On appelle aussi cette région le « Croissant fertile ».

**VERS -8000**

Début du **NÉOLITHIQUE** au Proche-Orient. Des humains deviennent sédentaires. Ils s'installent dans des villages, pratiquent l'élevage et cultivent des céréales.

**-4000**

Mise au point de la **ROUE**

**-3500**

Les **SUMÉRIENS** dominent la Mésopotamie. Près du golfe Persique, les premières villes, comme Ur, apparaissent.

**-3300**

Invention de **L'ÉCRITURE.** Les Sumériens mettent au point l'écriture, c'est la fin de la préhistoire.

**VERS -2300**

Sargon l'Ancien fonde le **ROYAUME D'AKKAD**. Sa fille Enheduanna devient grande prêtresse à Ur.

**VERS -1792**

Hammurabi devient roi et fonde **L'EMPIRE DE BABYLONE**. Il commence la rédaction de son célèbre recueil de lois.

**VERS -1200**

Naissance du **ROYAUME D'ISRAËL**

Début supposé
du règne de **SALOMON**,
roi d'Israël.

**- 970**

Début du règne
de **NABUCHODONOSOR II**
sur Babylone.

**- 605**

Nabuchodonosor
fait détruire le
**TEMPLE DE JÉRUSALEM**.

**- 597**

Fin de l'empire
de Babylone, début
de **L'EMPIRE PERSE**
(actuel Iran)

**- 539**

**DARIUS I[ER]**
devient roi de Perse
et fonde sa capitale :
**PERSÉPOLIS**.

**- 521**

# Enheduanna

Née en **Mésopotamie** vers **– 2300**, Enheduanna est la fille de Sargon d'Akkad. C'est la plus ancienne écrivaine dont certains écrits nous soient parvenus.

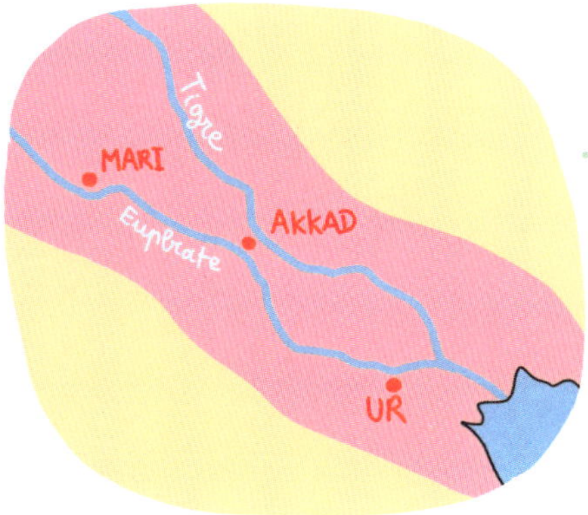


## ELLE VIT EN MÉSOPOTAMIE

**La Mésopotamie est une vaste PLAINE FERTILE**

Elle se situe au niveau de **L'IRAK ACTUEL.**

Elle est délimitée par les fleuves du **TIGRE** et de **L'EUPHRATE.**

On y pratique **L'AGRICULTURE** et **L'ÉLEVAGE**.

**Il y a 5000 ANS, les SUMÉRIENS fondent les premières villes**

**UR** et **URUK** comptent des milliers d'habitants.

Ce sont des villes très **PUISSANTES**.

On les appelle des **« CITÉS-ÉTATS »**.

Les Sumériens mettent au point la **CHARRUE** et la **BRIQUE**, et **AMÉLIORENT L'IRRIGATION.**

Vers **-3300**, ils inventent **L'ÉCRITURE** : c'est la fin de la préhistoire.

Tracés sur des **TABLETTES D'ARGILE**, les signes ressemblent à des clous.

On appelle cette écriture le « **CUNÉIFORME** ».



## C'EST UNE PRINCESSE D'AKKAD

**C'est la fille de SARGON, fondateur de l'empire d'Akkad**

Vers **- 2300**, il fait la conquête des principales cités de Mésopotamie.

C'est le **PREMIER EMPEREUR** de l'histoire.

La ville **D'AKKAD** est la **CAPITALE** de l'empire.

**Enheduanna obtient une AUTORITÉ POLITIQUE**

L'Empire akkadien est sans cesse en proie à des **SOULÈVEMENTS**.

Enheduanna est envoyée à **UR** pour mieux contrôler la cité.

Elle résiste à des **RÉVOLTES**.

# ELLE EST NOMMÉE GRANDE PRÊTRESSE

## Elle détient une **AUTORITÉ RELIGIEUSE**

- Elle préside les **TEMPLES D'UR.**
  - C'est sans doute à ce moment-là qu'elle prend le nom **D'ENHEDUANNA**.
  - Son nom signifie « **LA GRANDE PRÊTRESSE EST L'ORNEMENT DU CIEL** ».
- Les Sumériens croient alors en une **MULTITUDE DE DIEUX**.
  - Ur est le principal sanctuaire de **NANNA**, le dieu-Lune, et de la déesse **NINGAL**.
- Pour les dieux, on élève d'immenses temples : les **ZIGGOURATS**.

## Son **INFLUENCE** est immense

- Elle est chargée du **CULTE** des dieux et des **CÉRÉMONIES** religieuses.
  - Chaque jour, on lave, habille et nourrit les **STATUES** des dieux.
- Elle fait travailler les nombreux **ARTISANS.**
- Elle occupe ce poste pendant une quarantaine d'années.

# C'EST LA PREMIÈRE POÉTESSE CONNUE

## Elle **ÉCRIT** des textes magnifiques

- Ses **HYMNES** sont destinés aux dieux.
  - Elle les récite en **CHANTANT**.
- Ses **POÈMES** sont plus personnels.
  - Elle écrit à la première personne.
  - Elle raconte ses **SENTIMENTS**, ses espoirs face à la guerre.
- C'est la première personne à **SIGNER** une œuvre littéraire.

## Des **TABLETTES D'ARGILE** comportant ses textes ont été retrouvées.

- Ses poèmes ont été recopiés pendant plus de **1000 ANS** après sa mort.
  - Ils ont influencé d'autres textes, comme certains psaumes de la **BIBLE**.
- L'une d'elles est exposée au **LOUVRE**.
- En 1927, sur le site d'Ur, on a retrouvé un **DISQUE DE CALCITE** la représentant.

# Hammurabi

Au **IIe millénaire av. J.-C.**, il fait de Babylone une ville puissante et rédige un ensemble de lois qui porte son nom.

## Hammurabi est AMORRITE

Les Amorrites sont des **NOMADES** qui s'installent en Mésopotamie vers **- 2000**.

- Peu à peu, ils remplacent les **SUMÉRIENS**.
- Ils adoptent l'**ÉCRITURE CUNÉIFORME** et la langue akkadienne.

Ils règnent sur la **CITÉ** de Babylone (située en Irak actuel, au sud de Bagdad).

## IL EST ROI DE BABYLONE

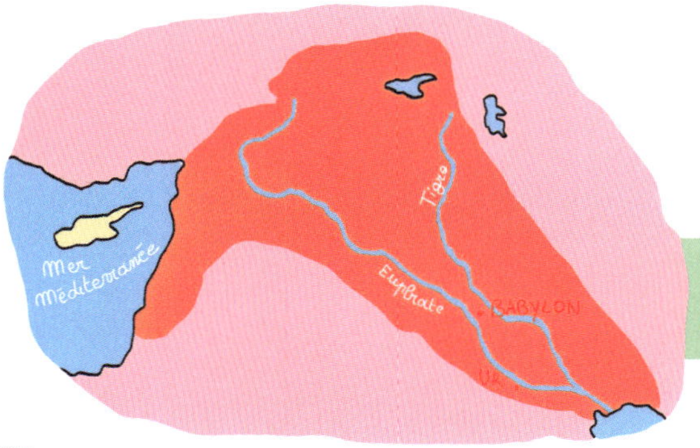


### Il succède à son père vers – 1792

Il va régner pendant **43 ANS**.

Quand il monte sur le trône, son **ROYAUME** est peu étendu.

## Hammurabi est un roi BÂTISSEUR

Au début de son règne, il entreprend de grands **TRAVAUX**.

- Il construit et restaure des **TEMPLES**.
- Il creuse des **CANAUX D'IRRIGATION**.
- Il fortifie les **MURAILLES** de Babylone.

## IL FONDE LE PREMIER EMPIRE BABYLONIEN

### Il fait la conquête de la MÉSOPOTAMIE

Il fait de nombreuses campagnes **MILITAIRES**.

- Au sud, il prend le contrôle de la **VILLE D'UR**.
- Il conquiert ensuite le **NORD** de la région.

C'est aussi un **DIPLOMATE** habile.

- Après 35 ans de guerres, il reconstitue l'empire de **SARGON D'AKKAD**.

## SON RÈGNE MARQUE L'ÂGE D'OR DE BABYLONE

**C'est un HABILE souverain**

- Il s'entoure de **FONCTIONNAIRES** efficaces.
  - On a retrouvé beaucoup de **LETTRES** qu'il leur envoyait.
- Pour unifier l'empire, Hammurabi fait de l'**AKKADIEN** la langue officielle.
- Babylone devient une **CAPITALE** riche et célèbre.
  - Désormais, c'est l'une des principales **CITÉS** de l'Antiquité.

**Il entreprend une RÉVOLUTION religieuse**

- **MARDOUK**, dieu de Babylone, devient le dieu le plus important.
  - Il est au-dessus de toutes les **DIVINITÉS**.
  - Les Babyloniens pensent que c'est lui qui donne ses **POUVOIRS** à Hammurabi.
- On lui construit une immense **ZIGGOURAT**.
  - C'est la **TOUR DE BABEL** dont parle la Bible.

## IL FAIT RÉDIGER UN CÉLÈBRE CODE DE LOIS

**Les lois deviennent les mêmes pour tous les PEUPLES de l'Empire**

- Avant, ces règles étaient transmises **ORALEMENT**.
  - Un seul code avait été écrit auparavant par le **ROI D'UR**.
- La **PUNITION** correspond à la faute commise.
  - C'est le principe **« D'ŒIL POUR ŒIL, DENT POUR DENT »**.
  - Ces lois étaient très **SÉVÈRES** : « si un fils frappe son père, sa main devra être coupée »...
- Les lois concernaient tous les **DOMAINES** : le travail, le commerce, la famille...

**Le code d'Hammurabi était GRAVÉ SUR DES STÈLES**

- Les stèles étaient placées sur des **PLACES PUBLIQUES** dans tout l'Empire.
  - **TOUT LE MONDE** pouvait ainsi connaitre les lois.
- L'une de ces stèles a été retrouvée et est exposée au musée du **LOUVRE**.
  - Haute de 2,40 mètres, elle comporte **282 LOIS** écrites en cunéiforme.

# Salomon

C'est par la Bible que l'on connait le nom et l'histoire de Salomon, **troisième roi de l'ancien royaume d'Israël** et bâtisseur du premier Temple de Jérusalem.

## C'EST UN ROI D'ISRAËL

**Il règne sur les HÉBREUX**

Les Hébreux sont un petit **PEUPLE NOMADE** de Mésopotamie.

Ils croient en un seul Dieu : c'est la première religion **MONOTHÉISTE.**

La **BIBLE** raconte leur histoire.

**C'est le fils du roi DAVID**

Après avoir vaincu le géant **GOLIATH**, le roi David a succédé à Saül.

Il fait de **JÉRUSALEM** la capitale du royaume.

Vers **– 970**, Salomon est sacré roi d'Israël du vivant de David.

Son règne va durer quarante ans, jusqu'en **– 931**.

Il épouse une fille de pharaon afin de conserver une alliance avec **L'ÉGYPTE**.

## SON NOM EST RESTÉ CÉLÈBRE

**Pour sa SAGESSE, dont la Bible raconte qu'elle surpasse toutes les autres**

On vient de loin pour écouter son **JUGEMENT**.

**Pour son immense RICHESSE**

Salomon développe le **COMMERCE** avec les pays voisins.

Il achète de **L'OR**, de **L'IVOIRE**, des **BOIS** précieux.

Son armée et sa marine protègent les **ROUTES COMMERCIALES**.

On raconte qu'il fit de Jérusalem une **CITÉ** d'un raffinement inouï.

La puissante **REINE DE SABA** (actuel Yémen) aurait été éblouie par tant de richesse.

# IL A CONSTRUIT LE TEMPLE DE JÉRUSALEM

**Sous son règne, Jérusalem S'EMBELLIT**

- Salomon y fait construire des édifices **COLOSSAUX.**
  - Son immense **PALAIS ROYAL** comportait plusieurs bâtiments.
  - Son **TRÔNE D'IVOIRE** était surélevé et serti de pierres précieuses.
- Il fait entourer la ville d'une enceinte **FORTIFIÉE.**

Salomon fait édifier un temple pour abriter **« L'ARCHE D'ALLIANCE ».**

- Un coffre qui contiendrait les **TABLES DE LA LOI.**

**La ville devient le CENTRE RELIGIEUX du royaume**

- Les travaux durent **7 ANS**. La Bible en donne des plans très précis.

- L'intérieur est recouvert de boiseries sculptées et richement **ORNÉES.**
  - Les arbres utilisés sont des **CÈDRES DU LIBAN**, réputés pour leur solidité et leur odeur.



# SA PUISSANCE EST REMISE EN QUESTION

**Le nom de Salomon n'est mentionné QUE DANS LA BIBLE**

- On n'a **AUCUNE TRACE** archéologique de lui.
  - La zone où s'élevaient le temple et le palais ne peut être **FOUILLÉE.**
- Il n'y a **PAS D'INSCRIPTIONS** portant le nom de Salomon.
  - Mais il y en a qui mentionnent **DAVID.**

**Aujourd'hui, les archéologues S'INTERROGENT**

- Les dates de son règne sont difficiles à vérifier en l'absence de **VESTIGES.**
- Salomon était sans doute moins riche que le décrit la Bible et son royaume **MOINS ÉTENDU.**

# Nabuchodonosor II

Sous son règne, au VIe **siècle avant notre ère**, le nouvel empire de Babylone s'étend du golfe Persique à la mer Méditerranée et Babylone est la plus belle cité de l'Orient.

## IL FONDE LE NOUVEL EMPIRE BABYLONIEN

### Il poursuit les CONQUÊTES de son père

- Il nait vers **- 634.**
- Son père **NABOPOLASSAR**, gouverneur de Babylone, a fondé une nouvelle dynastie.
  - Il a vaincu les **ASSYRIENS**, alors maîtres de la Mésopotamie.
- Il lui succède en **- 605** sous le nom de Nabuchodonosor II.

### Sous son règne, c'est le RENOUVEAU de Babylone

- Comme Hammurabi, Nabuchodonosor règne **43 ANS**.
- Il mène l'Empire à son **APOGÉE**.
  - C'est **LE PLUS CONNU** des rois de cette période.



## C'EST UN ROI GUERRIER

### Il fait d'importantes CAMPAGNES MILITAIRES

- Il se bat contre les **ÉGYPTIENS**.
  - Il parvient à les chasser de **PALESTINE** et de **SYRIE**.
- Il est vainqueur des **PHÉNICIENS**.
  - Il assiège la ville phénicienne de **TYR** (dans l'actuel Liban) pendant 13 ans.

### Il contraint les HÉBREUX à l'exil

- En **- 597**, Nabuchodonosor fait le siège de Jérusalem.
  - Jérusalem est la capitale du **ROYAUME DE JUDA**.
  - Le roi de Juda est **DÉPORTÉ** à Babylone avec une partie de la noblesse juive.
- Les Hébreux se **RÉVOLTENT** à nouveau.
  - Le Temple et la ville de Jérusalem sont **DÉTRUITS** et les habitants sont exilés à Babylone.
- La Bible le décrit comme un souverain **CRUEL** qui s'oppose à Dieu.

Grâce au butin de ses conquêtes, il fait des **TRAVAUX** gigantesques

Il construit et **RÉNOVE** des temples.

Dont la **ZIGGOURAT** dédiée au dieu Mardouk et construite par Hammurabi.

Il fait restaurer la double **ENCEINTE** autour de Babylone.

Elle comporte des **PORTES MONUMENTALES** en briques vernissées bleues.

La **PORTE D'ISHTAR**, incroyablement décorée, est devenue célèbre.

## IL FAIT DE BABYLONE LE CENTRE DU MONDE

**EMBELLIE,** Babylone est la cité des cités

En **– 600**, la ville compte près de **80 000 HABITANTS.**

C'est alors la plus grande et la **PLUS BELLE** des villes d'Orient.

Les **ARCHÉOLOGUES** ont fouillé le site de Babylone au début du XX$^{e}$ siècle.

Les **VESTIGES** des constructions de Nabuchodonosor ont été retrouvés.

## IL BÂTIT POUR MONTRER SA PUISSANCE

Il entreprend des constructions **SPECTACULAIRES**

Il se fait bâtir **DEUX IMMENSES PALAIS.**

Il construit un **PONT** sur l'Euphrate, des **AQUEDUCS** et des **RÉSERVOIRS.**

Pour sa femme, il aurait aménagé les célèbres **JARDINS SUSPENDUS** de Babylone.

C'était l'une des **7 MERVEILLES DU MONDE** antique.

On n'a **JAMAIS RETROUVÉ** leur trace.

Le nom de Nabuchodonosor est resté **CÉLÈBRE**

C'est le titre d'un célèbre **OPÉRA DE VERDI.**

On a donné ce nom à une bouteille de **15 LITRES** en mémoire de ses gigantesques constructions !

# Darius Ier

**Sous le règne du roi des Perses Darius Ier**, appelé aussi Darius le Grand, l'Empire achéménide n'a jamais été aussi puissant, à l'image de la somptueuse ville de Persépolis.

## IL RÈGNE SUR L'EMPIRE PERSE

### En –522, Darius fait un coup d'État

**CYRUS LE GRAND** a envahi l'Empire babylonien en **–539**.

Il a fondé le premier empire perse, ou **EMPIRE ACHÉMÉNIDE.**

Né vers **–550**, Darius prend le contrôle de l'empire.

Il est le fils d'un gouverneur de **PARTHIE** (Irak actuel).

Il devient le **TROISIÈME ROI** de Perse.

### Son empire couvre un IMMENSE TERRITOIRE

Il intègre une grande partie de **L'ÉGYPTE** à son empire.

Il se fait reconnaître comme **PHARAON !**

Il conquiert une partie de **L'INDE**.

Il s'attaque ensuite aux **SCYTHES**, un peuple iranien d'Asie Centrale qui lui résiste.

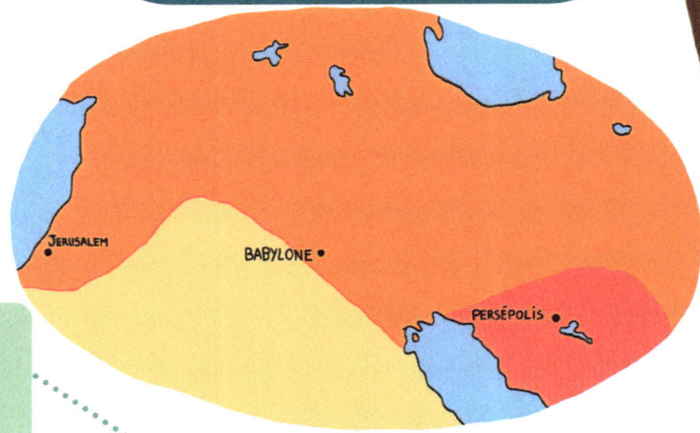

## IL MÈNE LA GUERRE CONTRE LES GRECS

### Des cités grecques se SOULÈVENT contre les Perses

Elles profitent des **DIFFICULTÉS** de Darius avec les Scythes.

La puissante cité **D'ATHÈNES** leur vient en aide.

C'est la première des **GUERRES MÉDIQUES.**

### Darius veut s'emparer d'Athènes

Il tente une **INVASION** en **–492**, mais sa flotte est dispersée par la tempête.

En **–490**, c'est la bataille de **MARATHON**.

Les Perses débarquent sur la côte, mais les Athéniens les **REPOUSSENT**.

Cette bataille a donné son nom à une **COURSE DE 42,195 KM**, distance qu'aurait courue un soldat grec pour annoncer la victoire.

# ON L'APPELLE LE ROI DES ROIS

## C'est un **GRAND ADMINISTRATEUR**

- Il divise l'Empire en 20 provinces appelées **« SATRAPIES »**.
  - À leur tête, le **SATRAPE** représente le pouvoir royal.
- Il améliore le système **JURIDIQUE** en s'inspirant du Code d'Hammurabi.
- La langue officielle devient **L'ARAMÉEN**.
- Darius améliore **L'ÉCONOMIE**.
  - Il fait frapper une monnaie d'or à son effigie : la **DARIQUE**.
  - Un nouveau système de **POIDS** et de **MESURES** est établi.

## Il entreprend **D'IMMENSES TRAVAUX**

- En Égypte, il fait creuser un **CANAL** reliant le delta du Nil à la mer Rouge.
- Une grande **ROUTE ROYALE** est construite.
- De nombreux **TEMPLES** et **PALAIS** sont édifiés.
  - Darius autorise la **RECONSTRUCTION** du Temple de Jérusalem.

# IL FAIT BÂTIR PERSÉPOLIS

## Dès **– 518**, Darius crée une nouvelle capitale

- L'ancienne capitale du royaume est **SUSE**.
- Il fonde Persépolis, ce qui veut dire **« CITÉ PERSE »** en grec ancien.
  - La ville est située au **SUD-OUEST** de l'Iran actuel.

## Tout est fait pour montrer **SA GLOIRE**

- La ville est bâtie sur une **ESPLANADE** de 13 hectares, au pied d'une montagne.
  - C'est un ensemble de **PALAIS**, escaliers monumentaux, salles de réception...
  - La salle du trône comprenait **CENT COLONNES.**
- À sa mort, en **– 486**, Darius est enterré près de la ville.
- La construction de Persépolis a duré plus de **DEUX SIÈCLES.**
  - En **– 330**, un incendie provoqué par Alexandre le Grand l'a détruite.
  - Son site **ARCHÉOLOGIQUE** est l'un des plus beaux du monde.

# L'ÉGYPTE ANCIENNE

Le long de la vallée du Nil, une puissante civilisation se développe entre –3200 et –30. Dirigée par des pharaons, l'Égypte antique marque l'histoire de l'humanité par sa longévité et sa richesse culturelle. Elle a laissé derrière elle d'incroyables vestiges, comme les pyramides.

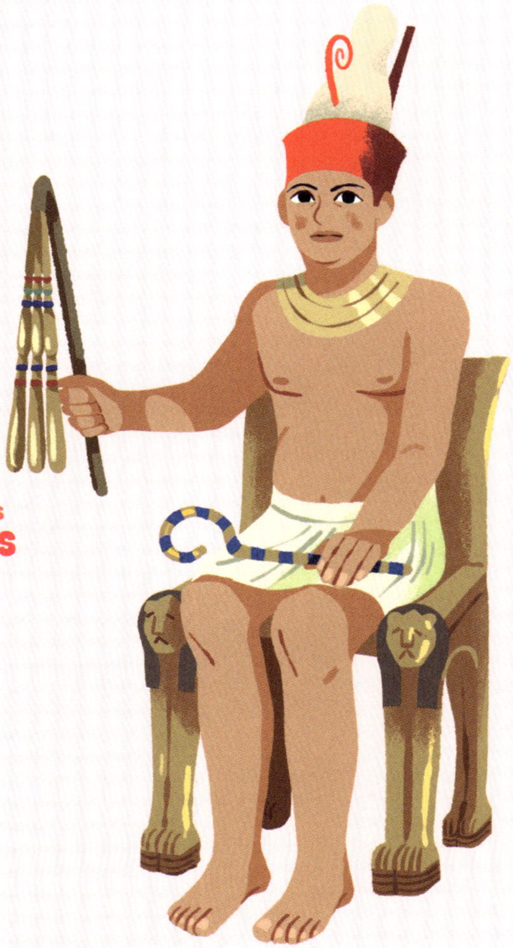

**VERS - 3200**
Apparition des **HIÉROGLYPHES**

**VERS - 3000**
Le royaume d'Égypte est unifié. Le roi prend le titre de **PHARAON**.

**- 2700** à **- 2200** : ancien Empire

**VERS - 2600**
Début de la construction de la **PYRAMIDE DE KHÉOPS**

**- 2035** à **- 1680** : moyen Empire

**- 1473**
La reine d'Égypte **HATCHEPSOUT** se fait couronner pharaon.

**- 1550** à **- 1069** : nouvel Empire,

**- 1349**
Le pharaon Amenhotep IV et son épouse **NÉFERTITI** imposent le culte d'un dieu unique, Aton.

À 9 ans, le jeune **TOUTANKHAMON** succède à son père. Il meurt dix ans plus tard. Sa tombe et son extraordinaire trésor ne seront découverts qu'au XXe siècle.

**-1335**

Début du règne de **RAMSÈS II**

**-1293**

apogée de l'Empire égyptien

Les Perses **ANNEXENT** l'Égypte.

**-525**

Alexandre le Grand se fait couronner pharaon. À sa mort, les Grecs contrôlent l'Égypte et fondent la dynastie des **PTOLÉMÉE**.

**-476**

Fille de Ptolémée XII, **CLÉOPÂTRE** accède au trône d'Égypte.

**-51**

Cléopâtre se donne la mort, l'Égypte devient **PROVINCE ROMAINE**.

**-31**

# Khéops

Pendant plus de 3000 ans, de nombreux pharaons règnent sur l'Égypte.

**Khéops est célèbre pour l'extraordinaire pyramide à laquelle il a donné son nom.**

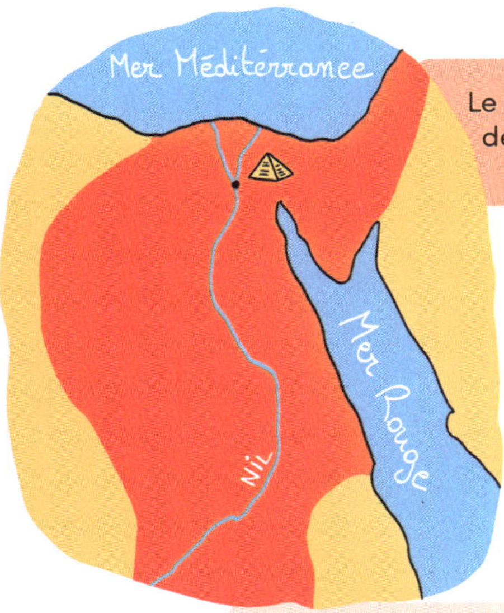


## IL RÈGNE SUR L'ÉGYPTE EN – 2600

À la **FIN DE LA PRÉHISTOIRE**, l'Égypte devient un royaume

Le long du **NIL**, au nord de l'Afrique, des villes se développent.

Vers **– 3100**, le pharaon **NARMER** unifie la Basse et la Haute-Égypte.

**PHARAON** signifie « grande maison ».

Les premiers **HIÉROGLYPHES** apparaissent.

Khéops est un pharaon de l'**ANCIEN EMPIRE**

L'Ancien Empire égyptien s'étend de **– 2700 À – 2200**.

L'Égypte connait alors un **DÉVELOPPEMENT** sans précédent.

Khéops **SUCCÈDE** à son père vers **– 2590**.

Son nom de naissance est **KHOUFOU**.



## ON SAIT PEU DE CHOSES SUR SON RÈGNE

On n'a de lui qu'une seule **STATUETTE** en ivoire

Khéops est représenté coiffé de la couronne de la **BASSE-ÉGYPTE.**

C'était l'une des deux **COIFFES** du pharaon.

Il porte les **ATTRIBUTS** du pharaon.

Le **PAGNE** court, décoré d'une ceinture.

Le **FOUET**, symbole de son autorité.

Des **PAPYRUS** très anciens portent son nom

Ils ont été découverts en 2016 sur le site d'un port antique de la **MER ROUGE**.

Ils nous renseignent sur la **CONSTRUCTION** de la Grande Pyramide.

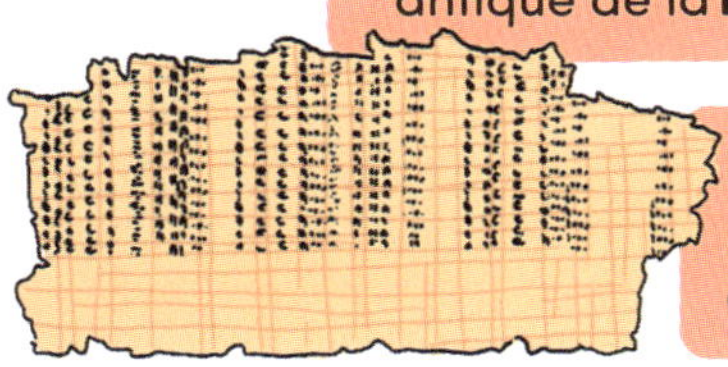

# IL EST CONNU POUR SA GRANDE PYRAMIDE

## C'est son **TOMBEAU**

- Khéops est considéré comme un **DIEU.**
  - La pyramide **PROTÈGE** son corps des intrusions et des voleurs.
  - Elle montre sa **PUISSANCE**.

- Les Égyptiens croient à une **VIE APRÈS LA MORT.**
  - Pour son voyage dans **L'AU-DELÀ**, le corps doit être conservé.
  - Il est alors **MOMIFIÉ** puis placé dans un sarcophage.
  - Auprès de lui, on place de **L'OR**, des bijoux, des meubles, de la nourriture.
- À côté, ses **SUCCESSEURS**, Képhren et Mykérinos, construisent leur propre pyramide.

## C'est le plus grand **MONUMENT** en pierre du monde

- La pyramide de Khéops est située dans le désert, à **GIZA** (actuelle banlieue du Caire).
  - C'est la seule des **7 MERVEILLES** de l'Antiquité encore debout.
- Sa base est un carré parfait de **230 M** de côté, et elle mesure **146 M** de haut.
  - Un record de **HAUTEUR** jusqu'à l'époque des cathédrales !
- Elle est constituée de 2 millions de **BLOCS DE CALCAIRE** de 10 tonnes.
  - On ne sait pas encore comment ces blocs étaient **TRANSPORTÉS**.
  - Ce sont des **OUVRIERS PAYÉS**, et non des esclaves, qui y ont travaillé près de 20 ans.

## La pyramide de Khéops n'a pas livré tous ses **SECRETS**

- À l'intérieur, il y a trois **CHAMBRES** funéraires desservies par de longs couloirs.
- On n'a toujours **PAS RETROUVÉ** la momie de Khéops.
- Des techniques d'imagerie sophistiquées ont permis de **RÉCENTES DÉCOUVERTES.**
  - Un immense espace et un nouveau **COULOIR** ont été dévoilés.
  - Amènent-ils vers une autre chambre funéraire ? **MYSTÈRE...**

# Hatchepsout

C'est une des seules souveraines égyptiennes à avoir gouverné en tant que pharaon. Ses successeurs ont voulu effacer son règne…
**Mais elle reste la plus célèbre des reines-pharaon.**

## ELLE EST REINE D'ÉGYPTE

**C'est une PRINCESSE royale**

Fille du pharaon **TOUTHMÔSIS Ier**, elle nait vers **-1508**.

Son nom signifie «Celle qui est à la tête des **NOBLES DAMES** ».

L'Égypte vient de rentrer dans le **NOUVEL EMPIRE (-1550 À - 1069).**

C'est l'une des périodes les plus **BRILLANTES** de son histoire.

**Elle devient RÉGENTE vers -1480**

À la mort de son époux, **THOUTMÔSIS II**, leur jeune fils lui succède.

Il prend le nom de **THOUTMÔSIS III.**

En attendant la maturité de son fils, Hatchepsout **GOUVERNE.**



## ELLE SE FAIT COURONNER PHARAON

**Elle affirme son POUVOIR**

Son **COURONNEMENT** a lieu vers **-1473**, elle a une vingtaine d'années.

Comme les pharaons, elle ajoute **QUATRE NOMS** à son nom de naissance.

C'est la **« TITULATURE ROYALE »**.

Seulement quatre autres **FEMMES** ont eu ce titre.

Elle se proclame fille du **DIEU AMON** (ou Amon-Rê).

C'est le plus **IMPORTANT** des dieux égyptiens.

**De nouvelles IMAGES d'Hatchepsout apparaissent**

Elle est représentée en pharaon **MASCULIN** : avec un corps d'homme.

Elle porte les **ATTRIBUTS** de la royauté.

**THOUTMÔSIS III** continue d'être considéré lui aussi comme pharaon.

## SON RÈGNE EST PROSPÈRE

- Elle lance un ambitieux programme de **CONSTRUCTIONS**
  - Elle fait bâtir le magnifique temple de **DEIR EL-BAHARI**.
    - C'est un **TEMPLE FUNÉRAIRE** construit au pied d'une falaise, près de Louxor.
    - Il se compose de trois **TERRASSES** reliées par de majestueux escaliers.

  - Elle restaure le site religieux de **KARNAK**.
    - Avec quatre **OBÉLISQUES** de 30 mètres de haut.
    - Dans une chapelle de pierre rouge, son **COURONNEMENT** est représenté.

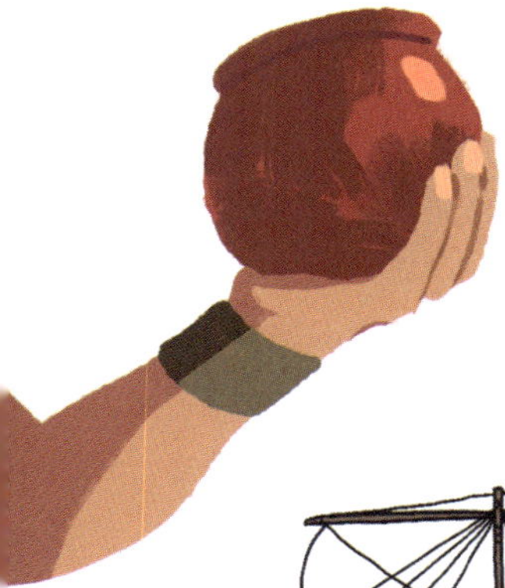

- Elle favorise le **COMMERCE**
  - Son règne n'est **PAS TROUBLÉ** par des guerres.
  - Elle lance une expédition vers le **PAYS DE POUNT** (sans doute la Somalie actuelle).
    - Ses navires reviennent chargés d'encens, de bois rares, de métaux **PRÉCIEUX** et d'ivoire.
    - Cette expédition est relatée sur les **MURS DU TEMPLE** d'Hatshepsout.

## ELLE A LONGTEMPS ÉTÉ OUBLIÉE

- On a effacé sa **MÉMOIRE**
  - À sa mort, en **-1458**, Hatchepsout est enterrée dans la **VALLÉE DES ROIS.**
  - Thoutmôsis III la fait **DISPARAITRE** des archives.
    - Il fait **BRISER** ses statues et effacer les cartouches portant son nom.
    - Il **S'ATTRIBUE** ses réalisations.
- Hatchepsout est **REDÉCOUVERTE** au XIXᵉ siècle
  - **CHAMPOLLION** déchiffre les hiéroglyphes
    - Il s'aperçoit que son nom de pharaon est celui d'une **FEMME.**

  - Sa **MOMIE** est retrouvée en 1903, par le fameux archéologue **HOWARD CARTER.**
    - Elle n'est pas dans une tombe royale, mais dans celle de sa **NOURRICE.**
    - Elle est formellement **IDENTIFIÉE** en 2006 grâce à des analyses ADN.

# Néfertiti

Rendue célèbre par son buste sculpté, **Néfertiti est la grande épouse royale du pharaon Akhénaton.** À ses côtés, elle a tenu un rôle politique et religieux de première importance.

## C'EST LA PLUS CONNUE DES REINES D'ÉGYPTE

**Elle est née à Akhmîm, vers -1370**

- Elle serait la **FILLE DU VIZIR** (Premier ministre) du pharaon Amenhotep III.
  - Son nom signifie **« LA BELLE EST VENUE »**.
- À son époque, l'Égypte est la nation **LA PLUS PUISSANTE** et la plus cultivée du monde.
  - C'est la période du **NOUVEL EMPIRE** (de **-1550** à **-1069**).

**Néfertiti devient GRANDE ÉPOUSE royale**

- À 15 ans, elle épouse **AMENHOTEP IV** qui devient pharaon à la mort de son père.
- Ils sont décrits comme étant très **AMOUREUX** l'un de l'autre.
  - Ensemble, ils ont **SIX FILLES**.

## ELLE CONTRIBUE À L'INSTALLATION D'UNE NOUVELLE RELIGION

**Amenhotep IV introduit le culte d'un DIEU UNIQUE : Aton, dieu de l'astre du jour**

- **AMON** était alors le principal dieu égyptien.
  - Les **PRÊTRES** d'Amon étaient devenus très puissants.
- Amenhotep change de nom et devient **AKHÉNATON**.
  - Cette révolution religieuse provoque une immense **OPPOSITION**.
- Néfertiti joue alors un rôle primordial pour **DIFFUSER** ce changement.
  - Elle est présentée comme **L'INTERMÉDIAIRE** entre le dieu et le peuple.

**Akhénaton et Néfertiti fondent une NOUVELLE CAPITALE**

- Elle prend le nom d'Akhetaton «horizon d'Aton», et est aujourd'hui appelée **AMARNA**.
- Le culte se déroule autour du couple et de la **FAMILLE ROYALE**.
  - Néfertiti et le pharaon sont représentés comme étant à **L'ÉGAL DU DIEU**.
  - On les voit s'occuper de leurs **ENFANTS.**
  - Le **STYLE ARTISTIQUE** change : il est plus expressif.

## ELLE EST L'ÉGALE DU PHARAON

- Néfertiti a un rôle **POLITIQUE** très important
  - Elle est aux côtés du pharaon sur toutes les **IMAGES** de l'époque.
  - Elle participe aux **RITUELS**.
  - Elle est représentée **CHASSANT** les ennemis ou **RECEVANT** les dignitaires étrangers.

- Elle **DIRIGE** le royaume avec le pharaon
  - Son **CARTOUCHE** est joint à celui d'Akhénaton.
  - Sur certains temples, elle figure seule, portant les **ATTRIBUTS** du pharaon.
    - C'est la **SEULE ÉPOUSE** royale à être représentée ainsi.

## SA FIN RESTE ENTOURÉE DE MYSTÈRE

- Elle **DISPARAIT** vers la 15e année du règne d'Akhénaton
  - On **NE SAIT PAS** si elle est morte tout de suite.
    - Peut-être a-t-elle été emportée par l'épidémie de **PESTE** qui frappa alors l'Égypte.
  - À ce jour, on n'a retrouvé **AUCUNE TRACE** de sa momie ou de son tombeau.

- Elle est célèbre grâce à son **BUSTE PEINT**
  - Il représente une femme d'une **GRANDE BEAUTÉ**, coiffée d'une haute couronne.
    - Il témoigne de **L'IMPORTANCE** qu'avait Néfertiti.
  - Il a été retrouvé en **1912**, sur le site d'Amarna, dans **L'ATELIER** du sculpteur officiel.
    - Il est actuellement conservé au musée **ÉGYPTIEN** de Berlin.

# Toutânkhamon

**Ce jeune pharaon a régné 10 ans à partir de -1335.** Il devient mondialement célèbre au XXe siècle, grâce à la découverte de sa tombe contenant un incroyable trésor funéraire.

## ON L'APPELLE « L'ENFANT PHARAON »

**C'est le fils D'AKHÉNATON**

- Mais pas celui de Néfertiti, comme l'ont prouvé les **ANALYSES ADN.**
  - Sa mère est peut-être la deuxième épouse royale, **KIA.**
- Il succède à son père vers **-1335.**
- On sait qu'il **BOITAIT** et qu'il souffrait d'une forme de paludisme.

**Il monte sur le trône à 9 ANS**

- Son nom de règne est d'abord **« TOUTÂNKHATON ».**
  - En hommage au **CULTE D'ATON** établi par son père.
- Il **ÉPOUSE** sa demi-sœur (pratique très courante chez les pharaons).
- Il meurt **MYSTÉRIEUSEMENT** à 18 ou 19 ans.
  - On ignore s'il s'agit d'une **MORT** naturelle ou d'un assassinat.

## IL RÉTABLIT L'ANCIENNE RELIGION

**Il change son nom et devient TOUTÂNKHAMON**

- Il est très jeune : ce sont les hauts **DIGNITAIRES** du palais qui gouvernent.
- Sous leur **INFLUENCE**, il défait la réforme religieuse de son père.
  - **AMON** redevient le roi des dieux.
  - Le culte des **ANCIENS DIEUX** est rétabli.

**Il tente D'APAISER les tensions causées par les décisions d'Akhénaton**

- **THÈBES** redevient la capitale.
- Il fait restaurer les **SANCTUAIRES** abandonnés sous le règne de son père.
- Il signe un accord de **PAIX** avec les **HITTITES** qui menacent le royaume.

# La **DÉCOUVERTE** de sa tombe est extraordinaire

## La **TOMBE** de Toutânkhamon se situe dans la **VALLÉE DES ROIS**

À partir de **- 1500**, c'est là que les pharaons font creuser leur tombeau.

Les **PYRAMIDES**, trop voyantes, étaient souvent pillées.

Les tombeaux sont souterrains, creusés dans la montagne, près de **LOUXOR**.

Celui de Toutânkhamon **RESTE OUBLIÉ** pendant 3000 ans.

## Elle est découverte le **4 NOVEMBRE 1922**

L'archéologue anglais **HOWARD CARTER** fait alors des fouilles depuis plus de 5 ans.

Il est sûr que l'endroit **CACHE** encore des trésors.

Il découvre l'entrée d'une **TOMBE INTACTE.**

## Elle contient un fabuleux **TRÉSOR**

Un **SARCOPHAGE** spectaculaire abrite trois cercueils.

L'un des **CERCUEILS**, en or massif, contient la momie de Toutânkhamon.

Le visage du jeune pharaon est recouvert d'un **MASQUE D'OR.**

Incrusté de pierres semi-précieuses, il contient **9 KILOS D'OR.**

Il reproduit le **VISAGE** du pharaon.

Ce masque est la **PLUS BELLE** pièce du trésor.

Le tombeau contient plus de **5000 OBJETS** répartis dans 5 pièces

Les **FOUILLES** durent plus de 10 ans.

C'est l'une des plus extraordinaires découvertes **ARCHÉOLOGIQUES**.

Elle permet de **MIEUX CONNAITRE** la vie quotidienne de cette époque.

Après ça, le monde se **PASSIONNE** pour l'Égypte antique.

# Cléopâtre

Cléopâtre VII est l'une des femmes les plus connues de l'Antiquité. **Face aux conquêtes romaines, cette jeune reine d'Égypte cherche à conserver l'indépendance de son royaume.**

## C'EST LA DERNIÈRE REINE D'ÉGYPTE

### Elle n'est PAS ÉGYPTIENNE

- Elle est grecque, de la dynastie des **LAGIDES.**
  - Ces **GRECS** se sont emparés de l'Égypte en **- 305**.
- Née en - 69, Cléopâtre est la fille du pharaon **PTOLÉMÉE XII.**
  - Elle est la **SEPTIÈME** à porter le nom de Cléopâtre.
- Très **INSTRUITE**, elle parle plusieurs langues et se passionne pour les sciences.

### Elle accède au POUVOIR à 18 ans

- En **- 51**, elle monte sur le trône aux côtés de son **FRÈRE**, Ptolémée XIII.
- Presque tous les pays de la Méditerranée sont alors sous **CONTRÔLE ROMAIN**.
  - Seul le royaume d'Égypte est **INDÉPENDANT**.
  - Mais il est **ADMINISTRÉ** par Rome.

### Elle est POPULAIRE et veut redonner à l'Égypte sa grandeur

- Elle **AFFERMIT** son pouvoir.
  - Elle parle **ÉGYPTIEN.**
  - Elle célèbre le culte des **DIEUX**.
- Jaloux, son frère lui déclare la guerre en **- 49.**

## ELLE S'ALLIE AVEC LES ROMAINS

### JULES CÉSAR l'aide à récupérer son pouvoir

- Le général romain en tombe **AMOUREUX.**
  - Cléopâtre suit César à Rome, où elle reste deux ans.
  - Ils ont un fils : **CÉSARION.**
- Grâce à César, Cléopâtre règne à nouveau sur l'Égypte en **- 47.**
  - Ptolémée XIII meurt : elle partage le pouvoir avec son autre frère, **PTOLÉMÉE XIV.**

### Elle séduit MARC-ANTOINE

- Après **L'ASSASSINAT** de Jules César en **- 44**, Cléopâtre rentre en Égypte.
  - Elle fait assassiner son frère-pharaon et désigne Césarion comme successeur.
- Elle rencontre Marc-Antoine, un **GÉNÉRAL ROMAIN.**
  - Amoureux, ils ont trois enfants.

## ELLE MEURT DE FAÇON TRAGIQUE

**Les Romains Marc-Antoine et Octave se font la GUERRE**

Ils s'opposent pour le contrôle de la **RÉPUBLIQUE ROMAINE.**

Ils s'affrontent à la bataille **D'ACTIUM** en **- 31**.

**VAINCU**, Marc-Antoine se réfugie près de Cléopâtre, à Alexandrie.

**Cléopâtre SE DONNE LA MORT.**

Octave et ses armées **ENCERCLENT** l'Égypte.

Pour ne **PAS SE RENDRE,** Marc-Antoine se tue.

Cléopâtre se laisse mordre par un **SERPENT** venimeux.

L'Égypte devient alors une **PROVINCE ROMAINE.**

## C'EST UNE FEMME MYTHIQUE

**La GRÂCE de Cléopâtre est légendaire**

Beaucoup **D'AUTEURS** de l'Antiquité vantent sa très grande beauté.

Elle est **RÉPUTÉE** pour son intelligence, sa finesse d'esprit et sa grande culture.

**Beaucoup d'artistes s'en sont INSPIRÉS**

Des **ÉCRIVAINS**, comme Shakespeare ou Corneille.

Des **PEINTRES** ou des sculpteurs comme Michel-Ange.

Cléopâtre est devenue une **HÉROÏNE** de fiction.

Le premier **FILM** à son sujet est tourné dès 1899.

Dans des **LIVRES** et la BD *Astérix*.

# LE MONDE GREC

Les cités du monde grec partagent une même langue et une même religion. Certaines bâtissent de véritables empires. Les Grecs instituent la démocratie : quand le pouvoir appartient aux citoyens. Artistes et scientifiques font des progrès remarquables et des penseurs inventent la philosophie.

**VERS -2100**
Début de la **CIVILISATION MINOENNE** en Crète

**VERS -1300**
Des peuples venus d'Europe centrale construisent la grande ville de **MYCÈNES**.

**VERS -1000**
Invention de **L'ALPHABET**

**VERS -800**
Les peuples de Grèce se regroupent dans des **CITÉS-ÉTATS**.
Naissance supposée **D'HOMÈRE**

**-776**
Premiers **JEUX OLYMPIQUES**

**À PARTIR DE -600**
Les poèmes de *L'Iliade* et *L'Odyssée* sont mis par écrit.
Le sanctuaire de Delphes, où se trouve la **PYTHIE**, devient le plus important du monde grec.

**-490**

**LÉONIDAS** devient roi de Sparte.

**DE -490 À -479**

Les **GUERRES MÉDIQUES** opposent les Perses aux Grecs.

**À PARTIR DE -479**

La cité **D'ATHÈNES** domine le monde grec.

**-460**

**PÉRICLÈS** est élu stratège à Athènes.

**-447**

Début de la construction du **PARTHÉNON**

**-431 À -404**

La **GUERRE DU PÉLOPONNÈSE** oppose Athènes, à la tête de la ligue de Délos, à Sparte et ses alliés.

**-336**

Début du règne **D'ALEXANDRE LE GRAND**

Il se lance à la conquête de l'Asie.

# Homère

**Le poète Homère, surnommé «l'éducateur de la Grèce»,** aurait écrit *L'Iliade* et *L'Odyssée*, deux longs poèmes connus de tous les Grecs de l'Antiquité.

Les Grecs, ou **HELLÈNES**, sont arrivés en Grèce vers **– 2000.**

Ils fondent des **ROYAUMES** organisés autour d'un palais, comme à Mycènes.

La civilisation **« MYCÉNIENNE »**, disparait vers **-1200.**

**Homère aurait vécu vers – 800**

Vers le **VIII$^{e}$ SIÈCLE AVANT J.-C.,** de petits états indépendants apparaissent.

Ce sont les **CITÉS** : une ville et la campagne environnante.

Les Grecs partagent la même langue, le même alphabet et les **MÊMES DIEUX.**

**ZEUS** est le roi des dieux, Héra est sa femme.

Les premiers **JEUX OLYMPIQUES** datent de **– 776.**

Tous les quatre ans, les **ATHLÈTES** de toute la Grèce s'affrontent.

Pendant les jeux, **LA GUERRE EST INTERDITE.**



## C'EST UN POÈTE GREC

**On ne sait pas si Homère a réellement EXISTÉ**

Il serait né dans une cité de la **MER IONIENNE**, à l'ouest de la Grèce.

C'est un **AÈDE** : un artiste itinérant chantant en vers les épopées des héros.

On le décrit parfois comme un **AVEUGLE.**

Il aurait composé de nombreux **POÈMES**, inspirés de plus anciens.

## SES POÈMES FONDENT LA CULTURE GRECQUE

**Pendant très longtemps, les poèmes d'Homère sont CHANTÉS**

Les Grecs les connaissent **PAR CŒUR.**

Les épisodes les plus fameux sont représentés sur des **VASES.**

Ces récits montrent que le **PEUPLE GREC** est courageux et persévérant.

**Vers le VI$^{e}$ SIÈCLE AVANT J.-C., ces vers sont mis par écrit**

Ils deviennent la **MÉMOIRE** des Grecs.

Ils sont utilisés pour apprendre à **LIRE** aux enfants.

Les livres de *L'Iliade* et *L'Odyssée* sont parmi les **PLUS VIEUX** du monde.

On les étudie encore pour la pureté de leur langue.

## SES RÉCITS SONT DEVENUS DES MYTHES

**Homère raconte la guerre de Troie dans *L'ILIADE* (15 000 vers)**

Menée par les Grecs contre la ville de **TROIE** (Ilion, en grec), elle dure 10 ans.

- Le Troyen **PÂRIS** a enlevé **HÉLÈNE**, la femme de **MÉNÉLAS**, roi de Sparte.
- Les Grecs veulent se **VENGER** et assiègent la cité de Troie.
- Des héros comme **ACHILLE** (grec) ou **HECTOR** (troyen) combattent.

Les Grecs parviennent à entrer dans la ville grâce au **CHEVAL DE TROIE.**

Troie est entièrement **DÉTRUITE**, Hélène retrouve Ménélas.

**Il conte les aventures d'Ulysse dans *L'ODYSSÉE* (12 000 vers)**

Chef grec, **ULYSSE** est roi d'Ithaque,une île située à l'ouest de la Grèce.

*L'Odyssée*, un mot qui signifie «Ulysse», raconte son **RETOUR** après la guerre de Troie.

Son parcours est semé d'embûches, il doit combattre des **MONSTRES**.

- Les **SIRÈNES**, qui chantent pour envoûter puis dévorer les marins.
- Polyphème, un **CYCLOPE.**

Fort et **RUSÉ**, il triomphe et retrouve son royaume et son épouse, **PÉNÉLOPE.**

# Une pythie de Delphes

Dans l'Antiquité, **on vient de tout le monde grec poser des questions à la pythie de Delphes.** Cette prêtresse a le pouvoir de transmettre les paroles d'Apollon.

**Elle est choisie parmi les FEMMES de la ville**

Elle doit avoir au moins 50 ans et venir d'une famille **HONNÊTE** et respectable.

Dans la Grèce antique, les femmes sortent rarement de leur **MAISON**.

Être **PRÊTRESSE** est le seul rôle officiel que peut jouer une femme.

**La pythie transmet L'ORACLE, la réponse du dieu**

Apollon est **LE DIEU DES ARTS,** de la musique, et un dieu devin.

Les Grecs pensent qu'il prédit **L'AVENIR**.

Seuls les **HOMMES** peuvent interroger la pythie pour avoir des réponses d'Apollon.

Les premières pythies apparaissent au **VII[e] SIÈCLE AV. J.-C.**

« Pythie » vient de **PYTHON**, le serpent ou dragon vaincu par Apollon.

## C'EST LA MESSAGÈRE D'APOLLON

**Elle suit un strict CÉRÉMONIAL**

Elle se **PURIFIE** d'abord dans l'eau d'une source.

Elle descend dans une salle souterraine du temple : **L'ADYTON**.

Elle s'assied sur un **SIÈGE** à trois pieds.

Elle mâche des feuilles de **LAURIER**, l'arbre sacré d'Apollon.

**Les PAROLES de la pythie sont souvent incompréhensibles**

L'oracle doit être **INTERPRÉTÉ** par des spécialistes.

Ils remettent au visiteur une **LETTRE** écrite avec l'oracle simplifié.

Ils n'ont pas le droit de la voir mais ils **L'ENTENDENT**.

# ELLE VIT À DELPHES

## Les Grecs croient en de nombreux **DIEUX**

- La **MYTHOLOGIE** raconte la vie des dieux et les exploits des héros.
  - Tout-puissants et immortels, les dieux habitent le mont **OLYMPE**.
- Chaque jour, les Grecs **HONORENT** les dieux : ils font des prières et des offrandes.

## Pour les Grecs, Delphes est le **CENTRE DU MONDE**

- C'est un **SANCTUAIRE**, c'est-à-dire un espace sacré dédié au culte d'un dieu.
  - Il a été construit au **VIII$^{E}$ SIÈCLE AV. J.-C.**, au pied du mont Parnasse.
  - Il comporte un grand **TEMPLE** dédié à Apollon, un stade et un théâtre.
  - Delphes est un sanctuaire **PANHELLÉNIQUE,** ce qui signifie «commun à tous les Grecs».
- C'est là qu'ont lieu les **JEUX PYTHIQUES** tous les 4 ans.
  - Ce sont des **CONCOURS** musicaux et des compétitions de gymnastique.

# ELLE EST TRÈS POPULAIRE

## On vient de très loin la **CONSULTER**

- Les plus **PUISSANTS**, rois et chefs militaires, viennent l'interroger.
- L'une d'elles aurait encouragé **SOCRATE** à faire de la philosophie.
- Tous les visiteurs offrent des **CADEAUX**.
  - Le sanctuaire déborde de **RICHESSES** : temples, statues, or…
  - **12 DÉLÉGUÉS** sont chargés de gérer ces trésors.

## Le culte d'Apollon à Delphes **DISPARAIT** au **IV$^{E}$ SIÈCLE**

- Il est interdit en 392 par l'empereur chrétien Théodose.
- Redécouvert à la fin du XIX$^{e}$ siècle, le site de Delphes est classé au **PATRIMOINE** mondial de l'UNESCO.

# Léonidas Ier

L'héroïque combat de ce roi de Sparte contre les armées perses a fait de Léonidas Ier **l'un des guerriers les plus célèbres de la Grèce antique.**

## IL VIT À SPARTE

**C'est une puissante CITÉ GRECQUE**

Au début du **Ve SIÈCLE AV. J.-C.**, elle domine la région du Péloponnèse.

C'est la rivale **D'ATHÈNES**.

La population est divisée en trois **CLASSES.**

Les **CITOYENS**, appelés Spartiates ou Égaux, participent à la vie politique.

Les **PÉRIÈQUES**, libres, sont les habitants des villages alentour.

Les **ESCLAVES**, ou Hilotes, cultivent les terres des Égaux.

**L'ARMÉE de Sparte est la plus redoutée**

La vie de la cité est tournée vers la **GUERRE**.

Dès 7 ans, les garçons reçoivent une stricte éducation militaire, **L'AGÔGÉ**.

À **L'ADOLESCENCE**, chacun passe un an seul dans la montagne.

À l'issue de leur formation, les hommes deviennent **HOPLITES**.

Des **SOLDATS** à pied très performants.



## IL DEVIENT CO-ROI DE SPARTE

**Léonidas est né en – 540**

C'est le troisième **FILS** du roi Anaxandridas.

La légende dit qu'il descend **D'HERCULE**.

Ses frères meurent et Léonidas monte sur le **TRÔNE** en **– 490.**

Il a 60 ans et est **EXPÉRIMENTÉ.**

**Il PARTAGE le pouvoir avec un autre roi**

Sparte est une **DYARCHIE**.

Il y a deux rois de **DEUX DYNASTIES** différentes.

Les rois sont chefs des **ARMÉES.**

Ils sont conseillés par 28 vétérans : la **GÉROUSIE**.

## IL S'ILLUSTRE À LA BATAILLE DES THERMOPYLES

**Il prend la tête d'une armée contre les PERSES**

- **XERXÈS I^ER^**, roi des Perses, décide d'envahir de nouveau la Grèce.
  - C'est la **DEUXIÈME GUERRE MÉDIQUE.**

- Les cités grecques **S'UNISSENT** sous le commandement de Sparte.
- En **– 480**, Léonidas est chargé de défendre le passage des Thermopyles.
  - Pour **RALENTIR** les Perses et permettre à l'armée grecque de s'organiser.

**Il meurt en HÉROS**

- Il s'entoure de **300 HOPLITES** fidèles et de quelques milliers de combattants grecs.
  - Les Perses sont très nombreux, près de **200 000 HOMMES.**
- Léonidas et ses **GUERRIERS** sont trahis.
  - Ils se retrouvent **PIÉGÉS**.
  - Ils continuent le combat et se **SACRIFIENT** jusqu'au dernier.
- **VAINQUEURS**, les Perses poursuivent leur avancée vers Athènes.
  - Ils seront définitivement **BATTUS** en **– 479**, à Platées.

## IL EST ENTRÉ DANS LA LÉGENDE

**Son courage devient un symbole de RÉSISTANCE pour les Grecs.**

- Cette bataille renforce la **RÉPUTATION MILITAIRE** de Sparte.
- À Sparte, quarante ans plus tard, on lui construit un magnifique **TOMBEAU**.
  - Des fêtes, les **LÉONIDÉES**, sont instaurées en son honneur.

**Léonidas est toujours CÉLÈBRE**

- Il est le sujet d'un **TABLEAU** de Jacques-Louis David et d'un poème de Victor Hugo.
- En 1955, une **STATUE** de lui est érigée sur le site des Thermopyles.
- C'est le héros de plusieurs **FILMS** et de jeux vidéo.

# Périclès

Au cœur de la Grèce antique, le stratège Périclès fait rayonner la cité d'Athènes.
**Si bien que le Ve siècle avant J.-C. est aussi appelé « siècle de Périclès ».**

**Au début du V^E SIÈCLE AV. J.-C., les cités grecques s'unissent**

En **–490**, les Perses attaquent les Grecs dans la plaine de **MARATHON**.

C'est le début des guerres médiques.

## IL IMPOSE LA DOMINATION D'ATHÈNES

**Athènes prend la tête de la LIGUE DE DÉLOS**

C'est une **ASSOCIATION** de cités grecques contre les Perses.

Athènes s'empare de **L'ARGENT** mis en commun.

Elle exerce le **COMMANDEMENT** militaire et réprime les révoltes.

La cité devient un **EMPIRE MARITIME.**

## IL DIRIGE LA VIE POLITIQUE

**L'ECCLESIA est l'assemblée de la cité.**

Les citoyens y votent les **LOIS** et élisent les **STRATÈGES**.

Pour être **CITOYEN**, il faut être un homme né de parents athéniens.

Les femmes, les étrangers (appelés «métèques») et les esclaves sont **EXCLUS** de la vie politique.

**Périclès est l'homme le plus IMPORTANT de la cité**

De **–460** à sa mort, en **–429**, il est élu quinze fois «stratège».

Les **STRATÈGES** commandent l'armée et dirigent la politique.

Il améliore la **DÉMOCRATIE**.

En favorisant la participation des citoyens les plus **PAUVRES**.

# LE V^E SIÈCLE AV. J.-C. EST LE « SIÈCLE DE PÉRICLÈS »

## Athènes devient le **CENTRE CULTUREL** du monde grec

- **L'ART** classique s'épanouit.
  - Architectes et sculpteurs recherchent **L'HARMONIE** et la beauté idéale.
  - Les **STATUES**, en bronze ou en marbre, sont plus expressives.

- Sur la colline sacrée, **L'ACROPOLE**, Périclès fait reconstruire le **PARTHÉNON**.
  - Dédié à Athéna, c'est le plus grand **SANCTUAIRE** de Grèce.
  - Chaque année, une fête a lieu en l'honneur de la déesse : les **PANATHÉNÉES**.

## Athènes est la **CAPITALE INTELLECTUELLE** de la Grèce

- De nombreux **PENSEURS** s'y installent.
  - **SOCRATE** enseigne la philosophie dans les rues d'Athènes.
  - Le poète **SOPHOCLE** écrit de célèbres tragédies.

- Les **SAVANTS** grecs veulent comprendre le monde.
  - Le médecin **HIPPOCRATE** cherche à mieux soigner.
  - L'historien **HÉRODOTE** relate en détail les guerres médiques.

# C'EST UN CHEF DE GUERRE

## Périclès mène la guerre contre la cité de **SPARTE**

- En **– 431**, des cités indépendantes s'unissent à Sparte pour **ATTAQUER** Athènes.
- C'est le début des **GUERRES DU PÉLOPONNÈSE.**
  - Elles vont durer **30 ANS**.

## Après sa mort, c'est la **CHUTE D'ATHÈNES**

- Face aux attaques de Sparte, les Athéniens se **RÉFUGIENT** derrière les remparts.
  - Une épidémie de **PESTE** survient.
  - Périclès en meurt en **– 429**.
- Après une **TRÊVE**, les combats reprennent.
  - Encerclée et battue sur les mers, Athènes **CAPITULE** en **– 404**.

# Alexandre le Grand

Au IVe siècle avant J.-C., ce jeune roi de Macédoine conquiert un gigantesque empire et pose les bases d'une civilisation faite d'un **mélange des cultures grecque et perse.**

## C'EST UN PRINCE MACÉDONIEN

C'est le fils du roi **PHILIPPE II** de Macédoine

- La Macédoine est un petit **ROYAUME** au nord-est de la Grèce.
  - Les Macédoniens parlent grec et adorent les dieux de **L'OLYMPE**.
- De **– 357 À – 338**, Philippe II prend le **CONTRÔLE** de toute la Grèce.
  - Il profite des rivalités entre les **CITÉS GRECQUES**.

Alexandre nait en **– 357**

- Il reçoit une **ÉDUCATION** soignée.
  - Le philosophe **ARISTOTE** est son professeur.
  - Il participe très jeune aux campagnes **MILITAIRES**.
- La légende raconte qu'il parvient à dompter **BUCÉPHALE**, un cheval sauvage.

## IL EST LE PLUS GRAND DES CONQUÉRANTS

À la mort de son père, en **– 336**, Alexandre devient **ROI**

- Il veut poursuivre l'œuvre de son père et vaincre **L'EMPIRE PERSE.**
- Il veut contrôler les **ROUTES** commerciales d'Asie.
  - Là où passent les **CARAVANES** chargées d'épices, de soie, de métaux précieux...

Remarquable stratège, il conquiert **L'ORIENT**

- Il est à la tête de **35 000 HOMMES.**
  - Alexandre est vainqueur des **PERSES** en **– 334**.
  - Il s'empare de la **SYRIE**, de la **PHÉNICIE**.
  - Il prend Jérusalem, puis **L'ÉGYPTE** et la **MÉSOPOTAMIE**.
- Il poursuit sa route vers **L'INDE** et la Chine.
  - Il combat le prince indien Porus et ses **ÉLÉPHANTS**.
  - Mais ses soldats, **ÉPUISÉS**, le poussent à rebrousser chemin.

## IL RÈGNE SUR UN IMMENSE EMPIRE

### En **10 ANS**, Alexandre crée le plus grand empire de son temps

- Son empire s'étend de la **MÉDITERRANÉE** jusqu'au Pakistan actuel.
- De retour d'Inde, il s'installe à **BABYLONE**.
- Il favorise les **RENCONTRES** entre Grecs et Perses.
  - Son mariage avec **ROXANE**, une noble persane, en est le symbole.

### Il règne par la **TOLÉRANCE** : c'est une vision nouvelle

- Il laisse aux cités grecques leur propre **ORGANISATION**.
- **GRECS ET PERSES** peuvent entrer dans l'armée ou l'administration.
- Toutes les religions sont **RESPECTÉES.**

## IL FONDE LA CIVILISATION HELLÉNISTIQUE

### Alexandre crée des **VILLES** à son nom

- La plus célèbre, **ALEXANDRIE**, située en Égypte à l'embouchure du Nil, est fondée en **- 331**.
  - Elle comporte une incroyable **BIBLIOTHÈQUE**.

- Ces cités deviennent des **CENTRES** intellectuels.
  - Les plus grands **SAVANTS** et philosophes s'y retrouvent.

### Elle **RAYONNE** pendant trois siècles

- Diffusée dans tout l'empire, la culture grecque s'enrichit de **LA CULTURE ORIENTALE.**
- Alexandre meurt à 32 ans, d'une forte fièvre; il n'a pas **D'HÉRITIER.**
  - Ses **GÉNÉRAUX** se font la guerre et se partagent l'empire.
- Héros de son vivant, il devient un personnage **LÉGENDAIRE.**

# LES CELTES

Excellents cavaliers, les Celtes maîtrisent le travail du fer et disposent d'armes efficaces. Ils vivent en tribus, dirigées par des chefs. Ils vénèrent les mêmes dieux et parlent la même langue : le celte. Leur production artistique est très importante : en or, bronze, fer, argent ou céramique.

**VERS -800**
Les Celtes s'installent peu à peu en Europe.

**DE -750 À -475**
**PREMIER ÂGE DU FER EN GAULE**
La technologie du **FER** commence à être maîtrisée, surtout pour fabriquer des armes.

**VERS -600**
Des marins **PHOCÉENS** fondent la ville **DE MARSEILLE**.

**VERS -500**
Mort de la **DAME DE VIX**

**DE -475 À -25**
**DEUXIÈME ÂGE DU FER**
C'est l'apogée de la culture celtique.

**VERS -450**
Les Celtes s'installent en **GAULE**.

**-390**
**BRENNOS** et ses hommes pillent la ville de Rome.

**VERS -335**
Premières **MONNAIES** gauloises

**-125** — Les **ROMAINS** occupent le midi de la Gaule

**-118** — Fondation de la ville de **NARBONNE** par les Romains

**-58** — Jules César entreprend la conquête de la Gaule, c'est le début de la **GUERRE DES GAULES**.

**-52** — Le 27 septembre, **VERCINGÉTORIX** capitule à Alésia.

**-44** — Le sud de l'Angleterre devient **PROVINCE ROMAINE**.

**60** — En Angleterre, **BOADICÉE** prend la tête d'une révolte contre l'occupation romaine.

**169** — Premières incursions **BARBARES**, des Germains pénètrent en Gaule.

# La Dame de Vix

**L'incroyable tombe d'une femme celte** montre que, plusieurs siècles avant la conquête romaine, les peuples de Gaule étaient en lien étroit avec les Grecs.

## C'EST UNE PRINCESSE CELTE

Elle vit au **VI^e^ SIÈCLE AV. J.-C.**

De **– 800 À – 52**, c'est l'âge du fer.

Les **ARMES ET LES OUTILS** en fer se multiplient.

Les Celtes sont de fameux **MÉTALLURGISTES**.

Au centre de **L'EUROPE DE L'OUEST**, la société celte s'organise.

Des familles puissantes contrôlent des **VILLES FORTIFIÉES** et les territoires autour.

Ce sont des **PRINCIPAUTÉS** celtiques.

Les puissants sont enterrés dans d'extraordinaires **SÉPULTURES**.

La Dame de Vix est une **FEMME IMPORTANTE**

Elle peut être **CHEFFE**, fille de prince ou prêtresse.

Chez les Celtes, les femmes sont respectées et ont des **LIBERTÉS**.

Elle est morte vers l'âge de 35 ans et enterrée vers **– 500 AV. J.-C.**

## ON A RETROUVÉ SON TOMBEAU

En **BOURGOGNE**, à Vix

La tombe est **DÉCOUVERTE** par un agriculteur en 1953.

Elle se trouve au pied du mont Lassois, sur lequel s'élevait un **OPPIDUM**.

La chambre funéraire est sous un **TUMULUS**.

Un **MONTICULE** de terre et de pierres destiné à protéger la tombe.

Cette tombe est complète : c'est **EXCEPTIONNEL**.

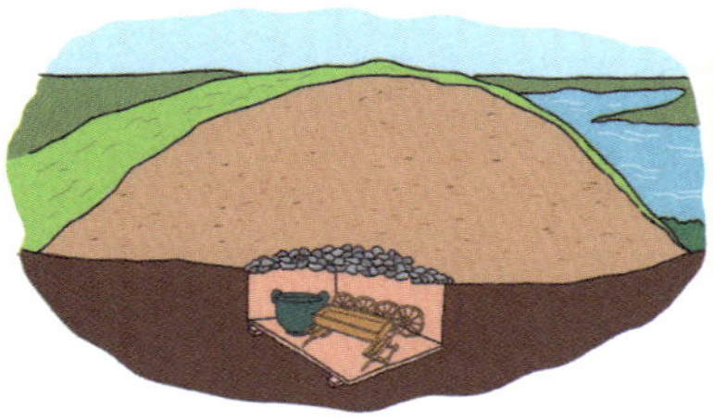

Elle est enterrée en tant que **PRINCESSE**

Son squelette se trouve au centre, placé dans la caisse d'un char.

Démontées, les **QUATRE ROUES** sont posées contre le mur.

C'est ainsi que les Celtes enterraient les **PERSONNES IMPORTANTES**.

# UN TRÉSOR EST À SES CÔTÉS

## Elle a été enterrée avec des **BIJOUX**

- Elle porte un splendide **TORQUE**, un collier celte en or massif.
  - Les **FEMMES ET LES HOMMES** celtes portent beaucoup de bijoux.
- Elle a des **ANNEAUX** de bronze aux chevilles, des **BRACELETS** d'ambre et de pierre.
- Elle porte des **FIBULES**, des broches en métal pour accrocher les vêtements.

## Sa tombe contient le **CRATÈRE DE VIX**, un vase unique au monde

- Un cratère servait à **STOCKER** et aromatiser du vin mélangé à de l'eau.
  - Les **GRECS** l'utilisent lors de leurs banquets.
- C'est le plus gros **VASE ANTIQUE** retrouvé à ce jour.
  - Il pèse **208 KILOS**, mesure 1,64 mètre de haut et peut contenir 1 100 litres.
  - Il est richement décoré, avec une frise représentant des soldats grecs.

# SON PEUPLE A DES LIENS AVEC LES GRECS

## Les **OBJETS RETROUVÉS** viennent de toute l'Europe

- Le cratère vient du sud de **L'ITALIE**.
- Il y a aussi des coupes en céramique venant de **GRÈCE** et des pierres venant de la **MER BALTIQUE** (au Nord).

## Les Celtes font du **COMMERCE** avec les Grecs

- Le site de Vix se trouve sur une importante **ROUTE COMMERCIALE**.
  - Près de la **SEINE**, qui va vers la Manche.
  - Non loin du **RHÔNE**, qui va vers la Méditerranée.
- La monnaie n'est pas nécessaire : on fait des **ÉCHANGES** (du troc).

# Brennos

Au IVe **siècle av. J.-C.**, à la tête de la tribu gauloise des Sénons, ce guerrier inflige une sévère défaite aux Romains avant de **piller et d'occuper la ville de Rome**.

## C'EST UN GAULOIS

**Les Gaulois sont des CELTES**

- Les Celtes sont des **PEUPLES DU CENTRE** de l'Europe.
  - Ils migrent vers **L'OUEST** au **VIIIe SIÈCLE AV. J.-C.**
  - Ils s'installent de **L'ÉCOSSE** au nord à **L'ESPAGNE** au sud.
- Certains occupent la **GAULE**, un vaste territoire.
  - On les appelle donc les Gaulois.

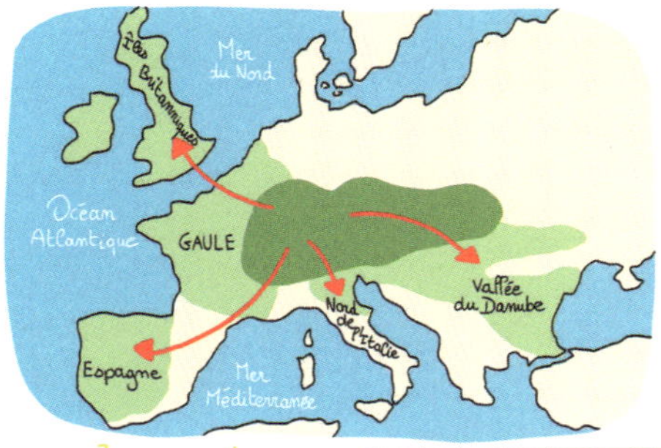


**Ils partagent un même MODE DE VIE**

- Ils **PARLENT CELTE**, mais ils ne l'écrivent pas.
- Ils vénèrent de nombreux **DIEUX**.
  - **TARANIS** est le dieu du ciel et du tonnerre.
  - **TEUTATÈS** est le dieu guerrier protecteur des tribus.
- Ils pratiquent **L'AGRICULTURE**, l'élevage et travaillent le **MÉTAL**.

## C'EST LE CHEF DES SÉNONS

**Les Sénons sont une TRIBU gauloise**

- Les Gaulois sont divisés en une **MULTITUDE** de tribus.
  - Le **CHEF** est entouré de guerriers.
  - Chaque tribu a ses **COMMERÇANTS** et ses **ESCLAVES**.
  - Les **DRUIDES** sont à la fois prêtres, juges et médecins.
- Le **TERRITOIRE** des Sénons correspond à l'Yonne et à la Seine-et-Marne actuelles.
  - Leur capitale est **AGEDINCUM**, aujourd'hui la ville de Sens.

**Brennos prend le contrôle d'un vaste territoire en ITALIE**

- Son nom signifie **« CHEF DE GUERRE »**.
  - C'est devenu Brennus, en **LATIN**.
- Vers **– 400**, les Sénons migrent vers le sud.
  - Ils s'installent en Gaule **CISALPINE** (nord de l'Italie).
- À la tête des Sénons, Brennos assiège la ville **ÉTRUSQUE** de Clusium.

# IL EST VAINQUEUR DE ROME

En juillet **–390**, Brennos marche sur **ROME**

À cette époque, Rome est une **VILLE PUISSANTE** et une république récente.

Mais elle n'a **PAS ENCORE** conquis la Méditerranée.

Gaulois et Romains s'affrontent à la **BATAILLE DE L'ALLIA**.

**10 LÉGIONS** romaines (soit 40 000 hommes) sont envoyées.

Vaincus, les Romains se retranchent sur la colline du **CAPITOLE**.

Il **ASSIÈGE** le Capitole

Brennos et ses guerriers entrent dans Rome qu'ils **PILLENT ET INCENDIENT**.

Puis, durant 7 mois, ils **ENCERCLENT** le Capitole.

Un soir, ils tentent d'y entrer, mais les oies sacrées du temple de Junon auraient donné **L'ALERTE**.

Les Romains finissent par se rendre contre le paiement d'une **RANÇON**.

Brennos exige **500 KILOS D'OR**.

En 800 ans, Brennos est le **SEUL ÉTRANGER** à occuper Rome

La **LÉGENDE** dit que, lors de la pesée, les Romains accusent les Gaulois de tricher.

Brennos jette son épée dans la balance afin d'augmenter le poids dû.

Il dit alors ***VAE VICTIS*** : «Malheur aux vaincus».

Brennos **SE RETIRE** avec ses guerriers dans le nord de l'Italie, où il meurt.

Après lui, aucune armée étrangère ne pénètre dans Rome avant les **GOTHS, EN L'AN 410**.

# Vercingétorix

**Au Ier siècle av. J.-C.,** ce jeune chef gaulois prend la tête de la **révolte contre les légions romaines,** menées par Jules César.

## C'EST UN ARVERNE

Vercingétorix est né entre **– 80 ET – 72**

À l'époque, une **SOIXANTAINE DE TRIBUS** vivent sur le territoire de la Gaule.

Ils habitent dans des oppida, des villes fortifiées, ou des villages, les **VICI**.

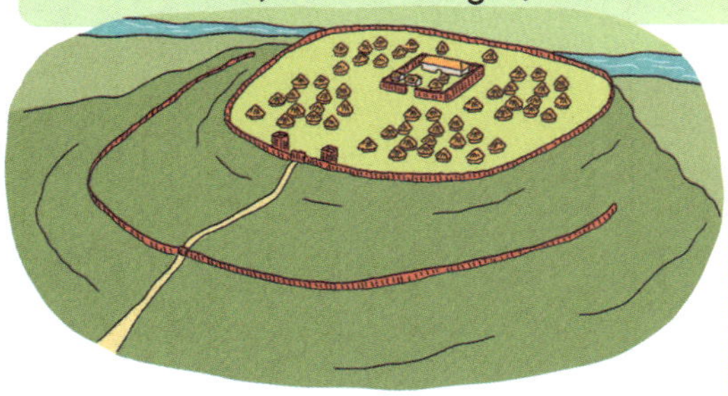

Les Arvernes habitent la région de **L'AUVERGNE** actuelle.

Ce sont de très bons **GUERRIERS**.

Ils sont l'un des peuples **GAULOIS** les plus puissants.

C'est un jeune **ARISTOCRATE**

C'est le fils du chef **CELTILLOS.**

Celtillos meurt **ASSASSINÉ** par des partisans des romains.

Le nom de Vercingétorix signifie **« LE GRAND ROI DES HÉROS »**.



## IL UNIFIE LA GAULE

Les Romains sont **ATTIRÉS PAR LES TERRES RICHES** et les routes commerciales

Dès **-125**, ils **CONQUIÈRENT** le sud de la Gaule.

Une première province romaine est créée : **LA PROVENCIA**, ou Narbonnaise.

En **– 58**, c'est le début de la **GUERRE DES GAULES**.

**JULES CÉSAR**, un général romain ambitieux, veut conquérir toute la Gaule.

Les armées de César sont divisées en **LÉGIONS**, très puissantes.

Vercingétorix prend la tête de la **RÉVOLTE**

En **– 52**, certaines **TRIBUS** se soulèvent contre les Romains.

Vercingétorix persuade les chefs gaulois de se mettre sous son **COMMANDEMENT**.

C'est un chef **IMPITOYABLE**.

Il fait crever les yeux ou couper les oreilles des guerriers **INDISCIPLINÉS**.

## IL AFFRONTE LES ROMAINS

**Vercingétorix est d'abord VAINQUEUR**

- Les Gaulois pratiquent la tactique de la **TERRE BRÛLÉE**. → Ils brûlent tout sur leur passage pour priver les Romains de **RAVITAILLEMENT**.

- En **MAI – 52**, Jules César attaque Vercingétorix à **GERGOVIE**. → Mais les Romains battent en **RETRAITE**.
- Cette victoire donne à Vercingétorix un grand **PRESTIGE**. → Réunis à **BIBRACTE**, les Gaulois le reconnaissent comme **CHEF SUPRÊME**.

**Il doit se rendre à ALÉSIA**

- Enivré par sa victoire, Vercingétorix **ATTAQUE** les légions de César.
- Battus, Vercingétorix et ses hommes se **RÉFUGIENT** dans l'oppidum d'Alésia. → César organise le **SIÈGE** de la ville et empêche la venue des renforts.
- En septembre, Vercingétorix **CAPITULE** et se rend à César.

**Vercingétorix est fait prisonnier**

- César le ramène **À ROME**, où il est jeté en prison.
- 6 ans plus tard, en **– 46**, Vercingétorix est exhibé lors du **TRIOMPHE** de César. → Il est **ÉTRANGLÉ** peu après.
- Ce que l'on sait de Vercingétorix vient essentiellement des **ÉCRITS DE CÉSAR**.

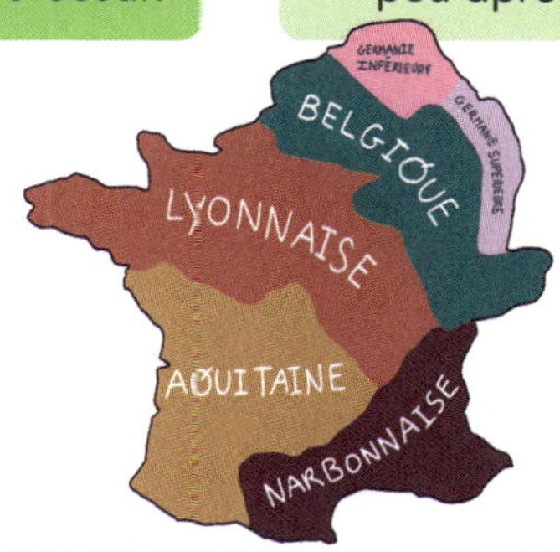


## APRÈS LUI, LA GAULE DEVIENT ROMAINE

**La Gaule est totalement CONQUISE**

- Elle est divisée en **TROIS PROVINCES**. → La Gaule **BELGIQUE**, la **LYONNAISE** et **L'AQUITAINE**. → Sa capitale est **LUGDUNUM** (la future ville de Lyon).
- Les Gaulois adoptent les **COUTUMES ROMAINES**. → Ils deviennent des **GALLO-ROMAINS**.

# Boadicée

**Reine celte du Iᵉʳ siècle, humiliée par Rome,** Boadicée prend la tête de la plus grande révolte des peuples bretons contre l'occupation romaine de la Grande-Bretagne.

## ELLE VIT EN BRETAGNE ANTIQUE

### La Grande-Bretagne est alors appelée BRITANNIA

- De nombreuses **TRIBUS CELTES** y sont installées depuis le **IXᵉ SIÈCLE AV. J.-C.**
  - Ces Celtes s'appellent les **BRETONS**.
- Dès **– 55**, Jules César tente deux **EXPÉDITIONS**.
  - C'est en **44** que les Romains entreprennent la conquête.
- Le sud-est de l'Angleterre devient une **PROVINCE ROMAINE**.
  - Des villes sont créées comme Camulodunum (Colchester) et **LONDINIUM** (Londres).

### Boadicée est née vers L'AN 30

- Son nom antique est **BOUDICCA**.
  - Il vient peut-être du celte *bouda* signifiant **« VICTOIRE »**.
- Un historien romain du **IIIᵉ SIÈCLE** la décrit comme **GRANDE ET TERRIBLE**.
  - Avec de **LONGS CHEVEUX** d'un roux flamboyant.



## C'EST LA REINE DES ICÈNES

### Les Icènes ont prêté ALLÉGEANCE À ROME

- Ils vivent dans le **SUD-EST** de l'Angleterre actuelle.
- Au moment de la conquête romaine, leur roi **PRASUTAGOS S'ALLIE** avec Rome.
  - Il espère ainsi préserver leur **INDÉPENDANCE**.
- Boadicée est **LA FEMME** de Prasutagos.

### Boadicée est HUMILIÉE par les Romains

- **VERS 60**, Prasutagos **MEURT**.
- Le royaume icène est incorporé à **L'EMPIRE ROMAIN**.
  - Les terres sont **CONFISQUÉES** et des impôts prélevés.
- Boadicée est **FOUETTÉE** publiquement.
  - Ce **CHÂTIMENT** est réservé habituellement aux esclaves.

## ELLE DÉFIE LES ROMAINS

Boadicée lance une **VASTE CAMPAGNE MILITAIRE** dans le sud de l'Angleterre

- Elle prend la tête d'une **COALITION** de tribus bretonnes.
  - Environ 120 000 **COMBATTANTS**.

- Camulodunum et Londinium sont **PILLÉES PUIS BRÛLÉES**.
  - Leurs habitants sont **MASSACRÉS**.
  - On a retrouvé des traces de ces gigantesques **INCENDIES**.

Elle est vaincue à la **BATAILLE DE WATLING STREET**

- Les Romains **CONTRE-ATTAQUENT** et tuent près de 80 000 Bretons.
- Cette bataille met **FIN À LA RÉBELLION** celte contre la domination romaine.
  - Les **ROMAINS** resteront en Angleterre jusqu'en **410**.
- Boadicée **MEURT** peu après.
  - On ne sait pas si elle est tombée **MALADE** ou si elle s'est **EMPOISONNÉE**.

## C'EST UNE FIGURE LÉGENDAIRE DE L'ANGLETERRE

Elle a longtemps été **OUBLIÉE**

- On n'a jamais retrouvé sa **TOMBE**.
  - La légende dit qu'elle serait **SOUS LE QUAI** n°10 de la gare de King's Cross, à Londres.
- Son épopée est passée sous **SILENCE** pendant tout le Moyen Âge.

**DEUX REINES** d'Angleterre rappellent son histoire

- Au XVI^e siècle, la reine **ELIZABETH I^re** met en avant sa bravoure et son courage.
- À son tour, la reine **VICTORIA** lui rend hommage.

  - En 1906, elle fait faire une **STATUE** représentant Boadicée sur son char.
  - Cette statue se trouve à **LONDRES**, à côté du palais de Westminster.

# LE MONDE ROMAIN

En quelques siècles, Rome, en Italie, devient la plus grande ville du monde antique. D'abord une République, puis un empire, elle conquiert le pourtour de la Méditerranée et une partie de l'Europe grâce à son armée parfaitement organisée. Dans ces territoires, Rome introduit sa langue – le latin, ses lois, son architecture et son mode de vie.

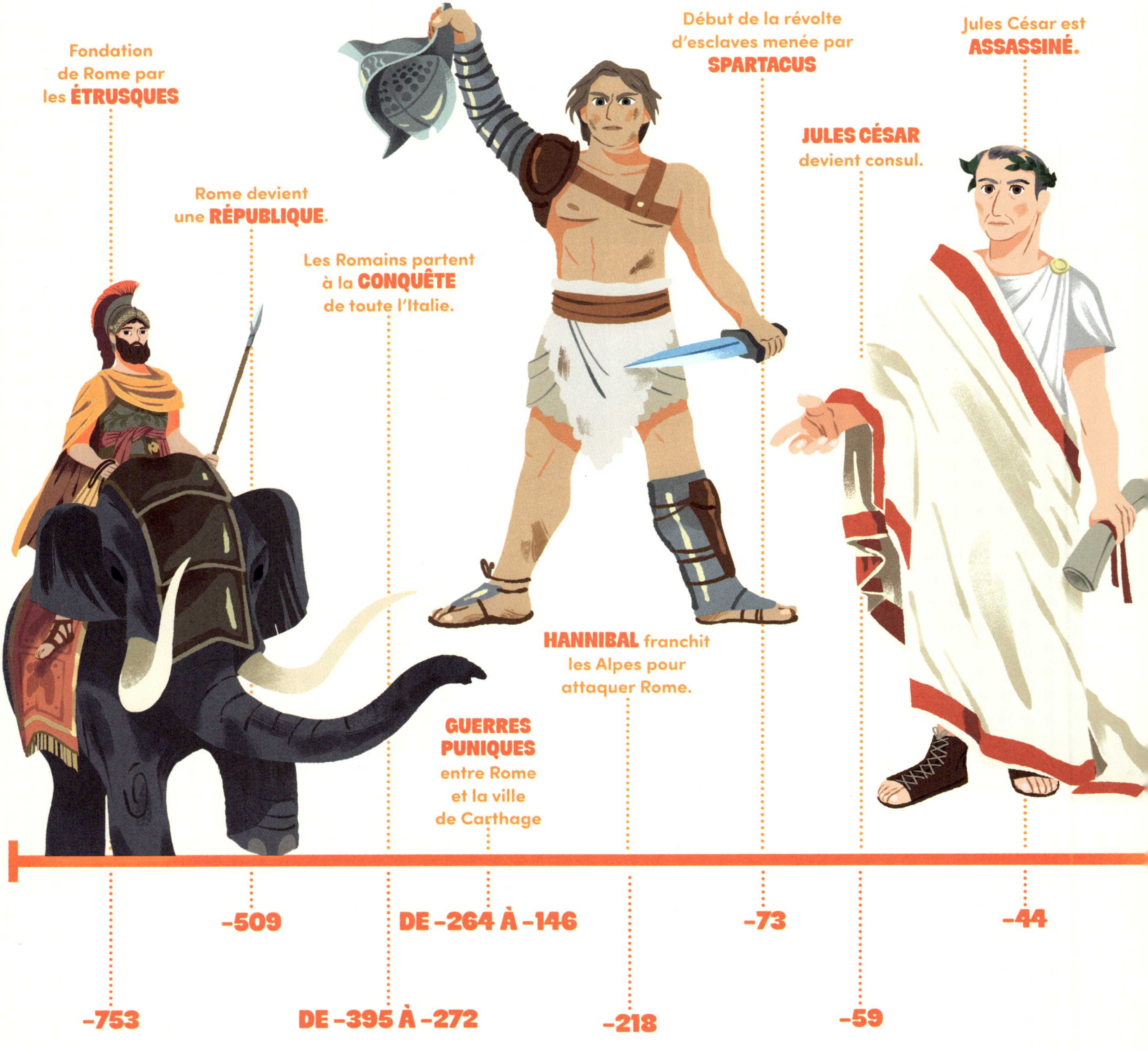

**-27**

Octave devient premier **EMPEREUR DE ROME.**

Pendant 5 siècles, l'Empire romain domine le monde antique.

**VERS -5 OU -6**

Naissance présumée de Jésus-Christ

**48**

**AGRIPPINE** la Jeune devient impératrice.

**79**

L'éruption du Vésuve en Italie ensevelit la ville de **POMPÉI** et les cités voisines.

**212**

**L'ÉDIT DE CARACALLA** accorde la citoyenneté romaine à tous les hommes libres de l'Empire romain.

**313**

Édit de Milan : l'empereur **CONSTANTIN** accorde la liberté de culte aux habitants de l'Empire romain.

**406**

Début des **INVASIONS BARBARES** en Occident

**476**

**CHUTE** de l'Empire romain d'Occident.

C'est la fin de l'Antiquité.

# Hannibal

**Général mythique originaire du nord de l'Afrique,** le Carthaginois Hannibal a terrorisé Rome en franchissant les Alpes avec son armée et ses éléphants.

## IL VIT À CARTHAGE

**C'est une CITÉ très puissante**

- Elle a été créée par les **PHÉNICIENS** à la fin du **IX$^{E}$ SIÈCLE AV. J.-C.**
  - Elle est située au bord de la **MÉDITERRANÉE**, en Tunisie actuelle.
  - Excellents navigateurs, les Carthaginois ont constitué un vaste **EMPIRE COMMERCIAL.**

**Carthage a une RIVALE : Rome**

- Rome est fondée au **VII$^{E}$ SIÈCLE** par les **ÉTRUSQUES.**
  - C'est une République depuis **– 509.**
  - Les **CITOYENS**, des hommes libres, votent les lois et élisent des magistrats.
- Dès le **III$^{E}$ SIÈCLE AV. J.-C.**, Carthage et Rome se disputent le contrôle de la Méditerranée lors des **GUERRES PUNIQUES.**
- Rome étend ses conquêtes grâce à son armée puissante, organisée en **LÉGIONS.**

**Né en – 247, Hannibal rêve d'une REVANCHE contre les Romains**

- Son nom signifie **« LE PROTÉGÉ DE BAAL »**, un dieu important à Carthage.
- Son père est **HAMILCAR BARCA**, un général carthaginois.
  - Il a combattu les Romains lors de la **PREMIÈRE GUERRE PUNIQUE.**
  - Il a signé une **PAIX** avec Rome après la défaite de Carthage en **– 241.**
  - À la mort de son père, Hannibal a **28 ANS.**

- Il entreprend le **SIÈGE DE SAGONTE**, une ville sous protection romaine.
- La **DEUXIÈME GUERRE PUNIQUE** est déclarée.

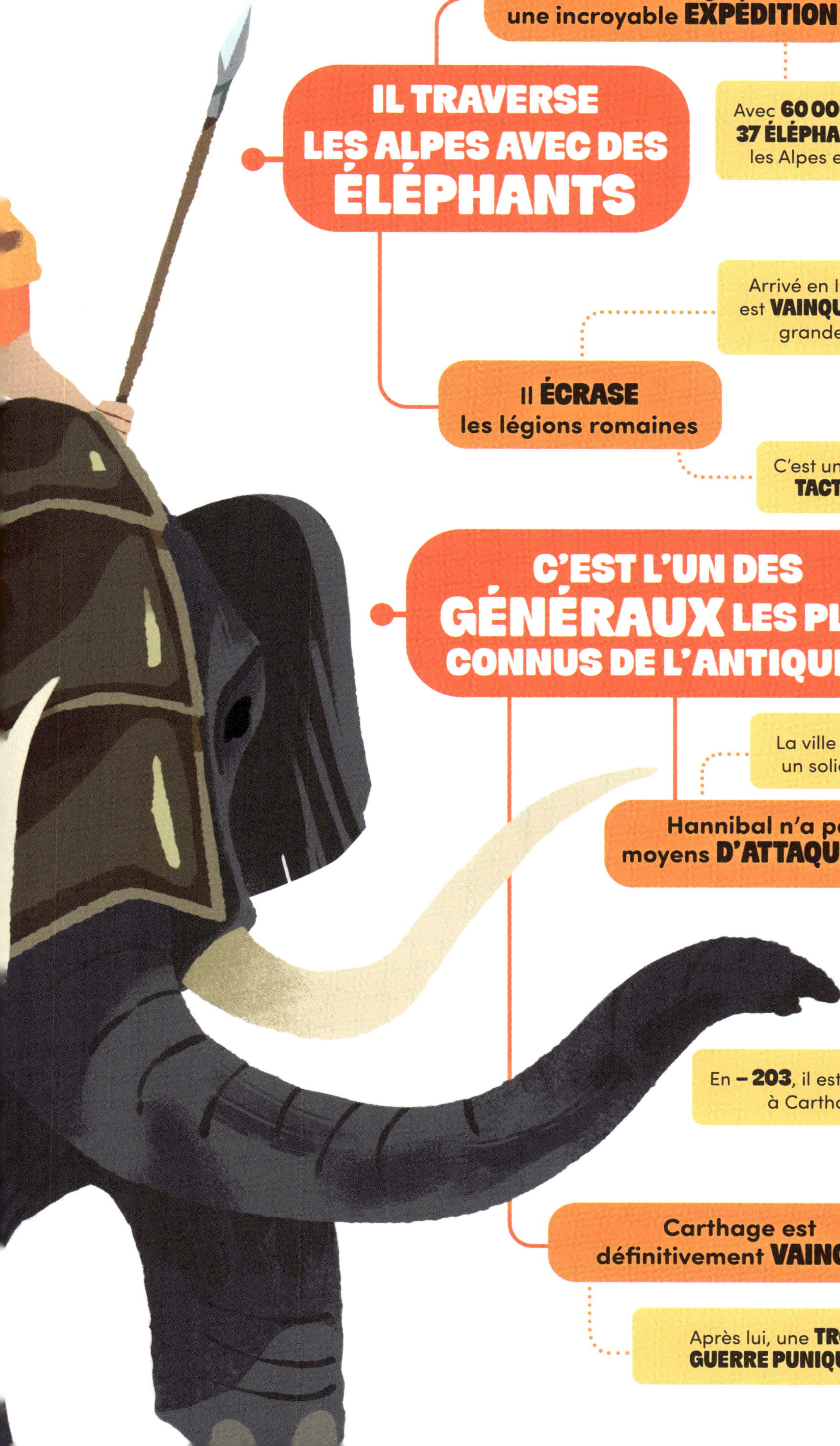

## IL TRAVERSE LES ALPES AVEC DES ÉLÉPHANTS

Hannibal organise une incroyable **EXPÉDITION**

- Il sait que les Romains sont meilleurs sur la **MER.**
- Il choisit d'aller de l'Espagne jusqu'en **ITALIE** en passant par la Gaule.

Avec **60 000 HOMMES ET 37 ÉLÉPHANTS**, il franchit les Alpes en novembre.

- Il attaque en **HIVER** alors que les légions sont habituées à combattre en été.
- Le froid fait **MOURIR** beaucoup de soldats et d'éléphants.

Il **ÉCRASE** les légions romaines

- Arrivé en Italie, Hannibal est **VAINQUEUR** de quatre grandes batailles.
- C'est un excellent **TACTICIEN.**
  - Il dissimule ses troupes dans le **BROUILLARD.**
  - Il monte des **EMBUSCADES.**

## C'EST L'UN DES GÉNÉRAUX LES PLUS CONNUS DE L'ANTIQUITÉ

Hannibal n'a pas les moyens **D'ATTAQUER ROME**

- La ville est **PROTÉGÉE** par un solide mur d'enceinte.
- Il s'installe dans le sud de l'Italie, mais les **RENFORTS** n'arrivent pas.

En **– 203**, il est **RAPPELÉ** à Carthage.

- Il est vaincu par les Romains, commandés par Scipion l'Africain, à la **BATAILLE DE ZAMA.**
- C'est la **FIN** de la deuxième guerre punique.

Carthage est définitivement **VAINCUE**

- Pour éviter de se rendre aux Romains, Hannibal avale du **POISON** en **– 183.**
- Après lui, une **TROISIÈME GUERRE PUNIQUE** a lieu.
  - Elle s'achève par la destruction de Carthage en **– 146.**

# Spartacus

Gladiateur et chef de guerre, Spartacus prend la tête d'une révolte d'esclaves et défie la **république de Rome de -73 à -71.**

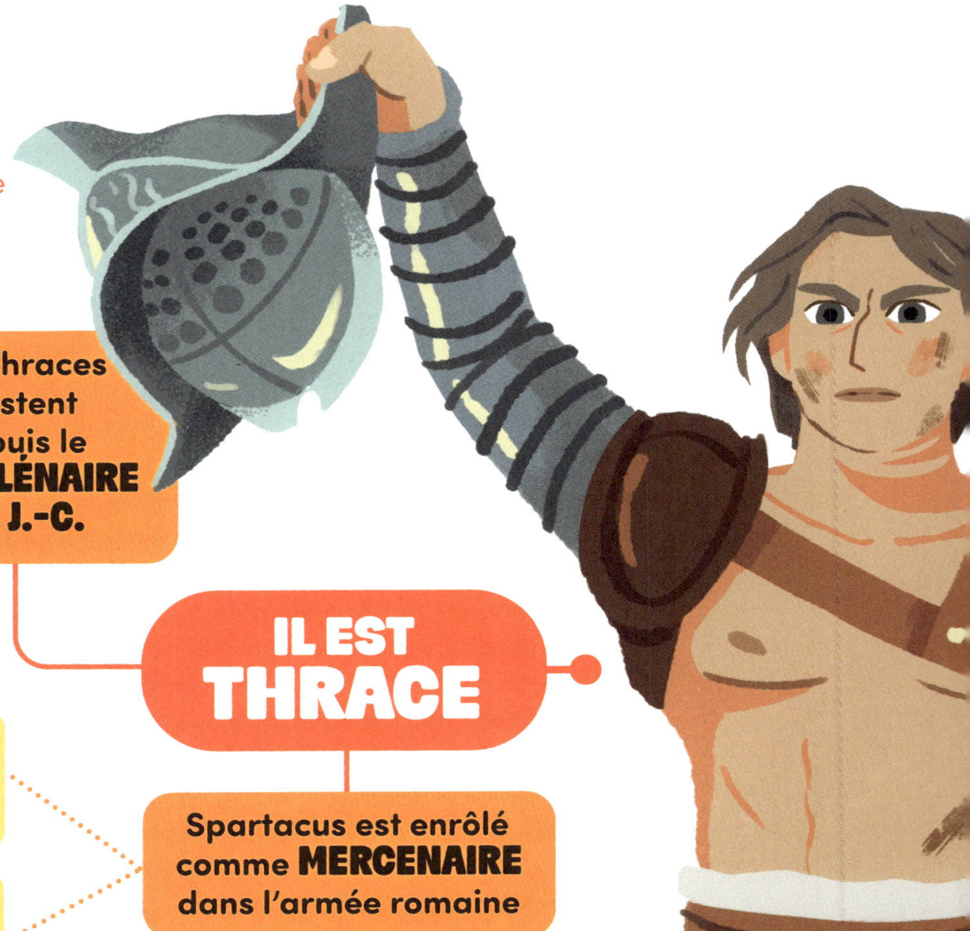

## IL EST THRACE

Les Thraces existent depuis le **2E MILLÉNAIRE AV. J.-C.**

La Thrace est une **RÉGION** entre la Grèce, la Bulgarie et la Turquie actuelle.

Au cours du **IER SIÈCLE**, elle passe sous domination **ROMAINE**.

Ce peuple est réputé pour ses redoutables **GUERRIERS**.

Spartacus est enrôlé comme **MERCENAIRE** dans l'armée romaine

Les légions romaines sont composées de **CITOYENS** romains.

Des troupes d'étrangers viennent en **RENFORT**.

Spartacus apprend les techniques et la **STRATÉGIE** des Romains.

Il **DÉSERTE**, est rattrapé et fait **PRISONNIER**.

Il est **VENDU** comme esclave

Les **ESCLAVES** à Rome sont nombreux.

Ils n'ont aucun droit et appartiennent à leur **MAITRE**.

Ils exercent toutes sortes de **MÉTIERS**.

En **-74**, Spartacus et sa femme sont achetés par le propriétaire d'une **ÉCOLE** de gladiateurs.

## IL DEVIENT GLADIATEUR

Les gladiateurs sont **ESCLAVES OU CRIMINELS**.

Ils sont entraînés pour **SE BATTRE** jusqu'à la mort.

Ceux qui survivent à plusieurs combats deviennent **CÉLÈBRES**.

Les combats de gladiateurs sont des **SPECTACLES** très prisés

Spartacus est **RÉPUTÉ** pour être d'une force impressionnante.

## En -73, il S'ÉVADE avec 70 compagnons

Ils récupèrent des armes et se retirent sur le **MONT VÉSUVE**.

Les esclaves des domaines environnants les **REJOIGNENT**.

Les **RÉVOLTÉS** sont plus de 70 000.

Habile chef de guerre, Spartacus devient leur **COMMANDANT** suprême.

# IL MÈNE UNE RÉVOLTE D'ESCLAVES

## Il TIENT TÊTE à la République romaine

Pour être un **HOMME LIBRE**, Spartacus veut franchir les Alpes et s'enfuir en Gaule.

Mais il change d'avis et se dirige **VERS LE SUD**.

Les anciens esclaves sont **VAINQUEURS** de deux armées romaines.

## À Rome, les sénateurs confient 10 LÉGIONS À CRASSUS

Spartacus est **ÉCRASÉ ET TUÉ** en -**71**.

En représailles, le général Crassus fait **CRUCIFIER** 6 000 prisonniers.

Pour **MONTRER** aux esclaves le danger encouru à vouloir être libres.

# IL DEVIENT UN SYMBOLE DE LIBERTÉ

## Des historiens romains racontent ses EXPLOITS

Si Spartacus était si difficile à vaincre, il devait être **HORS DU COMMUN**.

Pour les Romains, une guerre contre les esclaves est un **DÉSHONNEUR**.

La révolte de Spartacus est appelée **« TROISIÈME GUERRE SERVILE »**.

C'est la plus importante **RÉVOLTE D'ESCLAVES** de l'histoire romaine.

## C'est le gladiateur le plus CÉLÈBRE de l'histoire

Il semble qu'à l'origine, Spartacus cherche juste à retrouver sa **LIBERTÉ**.

Au XVIIIe siècle, **VOLTAIRE** fait de Spartacus un héros, défenseur de la liberté.

Depuis, son histoire a **INSPIRÉ** des romans, des films et une série.

# Jules César

Connu pour ses victoires militaires et son habileté politique,
Jules César est l'un des plus **grands généraux de l'histoire de Rome.**

## C'EST UN HOMME POLITIQUE ROMAIN

**Il est d'une RICHE famille de Rome**

Jules César est né vers **-100.**

Son vrai nom est **CAÏUS JULIUS.**

Il **APPREND** l'art oratoire, les mathématiques, le grec...

À cette époque, la **RÉPUBLIQUE ROMAINE** a conquis la majeure partie du bassin méditerranéen.

**Il accomplit le CURSUS HONORUM : ce qui signifie la carrière des honneurs**

C'est un passage **OBLIGÉ** pour obtenir de hautes fonctions.

Dès **-78**, il occupe différents postes de **L'ADMINISTRATION.**

César et ses rivaux Crassus et Pompée forment le **TRIUMVIRAT**.

En **-59,** César devient **CONSUL,** le poste le plus prestigieux de la République.

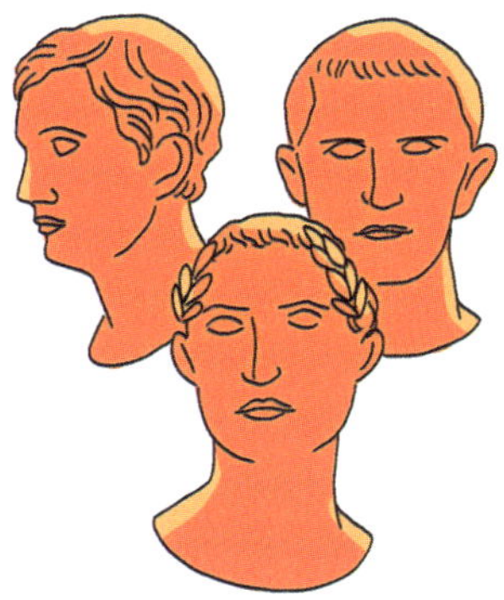



## C'EST UN BRILLANT CHEF DE GUERRE

**Il bat les tribus GAULOISES**

César veut des victoires militaires pour avoir la **GLOIRE** et la richesse.

En **-58,** il pénètre en Gaule avec ses **LÉGIONS.**

Il conquiert toute la Gaule et capture le chef Vercingétorix en **-52** à Alésia.

Il raconte sa campagne dans ses *Commentaires sur la* **GUERRE DES GAULES.**

**Il triomphe de POMPÉE et de ses partisans**

Pompée s'inquiète des **SUCCÈS** de César.

Il lui demande de revenir à Rome comme simple **CITOYEN.**

César refuse : une **GUERRE CIVILE** de 4 ans éclate.

Vaincu, Pompée fuit en **ÉGYPTE** où il est assassiné par le roi Ptolémée XIII.

César se rend sur place et met **CLÉOPÂTRE VII** sur le trône.

# IL S'EMPARE DU POUVOIR

**César contrôle la vie POLITIQUE**

Revenu à Rome, il organise plusieurs triomphes, sa **POPULARITÉ** est immense.

En **-44**, il reçoit le titre de **DICTATEUR** perpétuel.

Il a aussi le titre **D'IMPERATOR**, donné aux généraux victorieux.

**Il fait de grandes RÉFORMES**

Il embellit la ville de **ROME.**

Il fait aménager un **PORT** à Ostie, à l'embouchure du Tibre.

Il prend des mesures pour les plus **PAUVRES** et les vieux soldats.

**DISTRIBUTION** de blé à bas prix, attribution de terres...

Il crée une bibliothèque et fait adopter un nouveau **CALENDRIER.**

Il offre au peuple de nombreux **SPECTACLES** et banquets.

# IL EST ASSASSINÉ

**Ses adversaires COMPLOTENT contre lui**

Des **SÉNATEURS** pensent que la République est en danger.

Avec **BRUTUS,** le fils adoptif de César, ils organisent son assassinat.

César est tué de 23 coups de couteau le **15 MARS -44.**

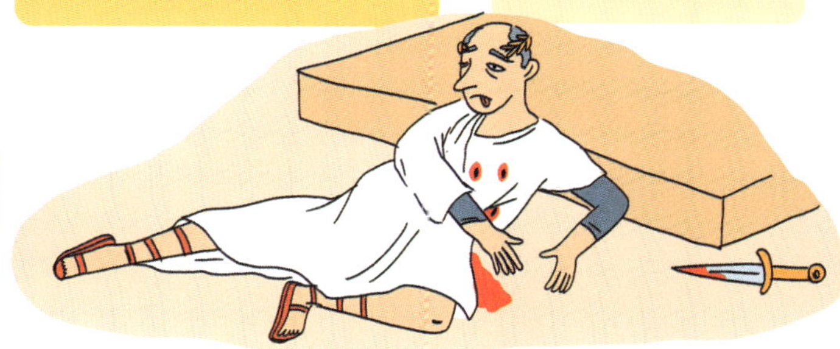

**Son fils adoptif OCTAVE devient empereur**

En **-27**, il prend le nom **D'AUGUSTE** et instaure l'Empire.

Vénéré de ses sujets, **L'EMPEREUR** dispose de tous les pouvoirs.

Pendant près de cinq siècles, **L'EMPIRE ROMAIN** va dominer le monde antique.

# Agrippine la Jeune

Fille, femme et mère d'empereur, ambitieuse et cruelle, Agrippine la Jeune est l'une des **femmes les plus puissantes** du début de l'Empire romain.

## ELLE EST DE LA FAMILLE IMPÉRIALE

**Agrippine la jeune est née en 15**

C'est la **FILLE DE GERMANICUS**, le neveu de l'empereur Tibère, successeur d'Auguste.

Très populaire, Germanicus meurt en 19, sans doute **EMPOISONNÉ PAR TIBÈRE.**

La mère et deux des frères d'Agrippine sont exilés et **EMPRISONNÉS**.

Son petit frère **CALIGULA** est adopté par Tibère.

Agrippine est **MARIÉE** à l'âge de 13 ans.

**À cette époque, Rome est un EMPIRE**

En **– 27, AUGUSTE** est devenu le premier empereur romain.

Rome règne sur un **IMMENSE TERRITOIRE** allant du sud de l'Angleterre à l'Égypte.

**80 MILLIONS** de personnes y vivent.

Rome est alors **LA PLUS GRANDE VILLE** du monde avec 1 million d'habitants.

## C'EST UNE FEMME TRÈS INFLUENTE

**Son frère Caligula devient EMPEREUR EN 37**

Il donne des **HONNEURS** à ses sœurs.

C'est **INHABITUEL** pour des femmes à Rome.

C'est la première fois que des **PRINCESSES** apparaissent officiellement sur des **PIÈCES** de monnaie.

Les sénateurs doivent prêter **SERMENT** sur son nom et celui de ses sœurs.

La même année, Agrippine met au monde son seul fils : **NÉRON**.

**Elle devient IMPÉRATRICE**

Caligula devient fou, il est assassiné et son **ONCLE CLAUDE** lui succède.

Devenue **VEUVE**, Agrippine est très **RICHE**.

**AMBITIEUSE**, elle se débrouille pour épouser Claude en **48**.

# C'EST LA PREMIÈRE FEMME DE L'EMPIRE

**Elle porte le surnom d'« AUGUSTA »**

- C'est le **FÉMININ DU TITRE « AUGUSTE »**, donné à tous les empereurs romains.
  - C'est la première femme **D'EMPEREUR** à porter ce titre du vivant de son mari.
- Elle accompagne Claude dans la gestion des **AFFAIRES OFFICIELLES**.
  - Elle est **SALUÉE** comme l'empereur.
  - Elle reçoit les **AMBASSADEURS** étrangers.
  - Elle assiste aux **RÉUNIONS DU SÉNAT**, cachée derrière un rideau.

**Elle DIRIGE son entourage**

- Elle organise le **MARIAGE** de Néron avec la fille de Claude, Octavie.
  - Elle fait **ADOPTER** Néron par Claude.
  - Elle écarte du trône **BRITANNICUS**, le fils de Claude.
- Claude comprend qu'il a été **MANIPULÉ**.
  - Agrippine le fait **EMPOISONNER**.

# ELLE PLACE SON FILS NÉRON SUR LE TRÔNE

**Agrippine GOUVERNE l'Empire**

- Néron est proclamé **EMPEREUR** en **54**, il a 17 ans.
- Agrippine prend toutes les **DÉCISIONS** politiques.
  - Elle se fait représenter sur les pièces de **MONNAIE**.

**Néron se MÉFIE**

- Il reprend le contrôle du **POUVOIR**.
  - Il exige qu'Agrippine quitte le palais impérial : **ELLE DOIT S'EXILER.**
  - Elle conserve son influence grâce à ses **RELATIONS**.
- En **59**, il lui tend un **PIÈGE** pour la faire revenir et la fait tuer.

# Constantin Ier

Au IVe siècle, Constantin favorise la diffusion d'une nouvelle religion, le christianisme, et devient le **premier empereur romain chrétien**.

## C'EST UN EMPEREUR ROMAIN

Constantin est né à Naissus (Serbie actuelle) en **272**

L'Empire est très affaibli, menacé par les **BARBARES** à sa frontière.

Pour mieux l'administrer, l'empereur **DIOCLÉTIEN** met en place une **TÉTRARCHIE**.

L'Empire est **DIVISÉ** en deux parties, chacune dirigée par deux personnes.

**DEUX AUGUSTES** (empereurs principaux) sont assistés de deux césars (empereurs auxiliaires).

Il devient **SEUL DIRIGEANT** de l'Empire en **324**

En **306**, à la mort de son père, Constantin est acclamé sous le nom d'auguste par son **ARMÉE**.

Constance Chlore, son père, est un **CÉSAR**.

Hélène, sa mère, est grecque et **CHRÉTIENNE**.

Il est **VICTORIEUX** des autres héritiers des tétrarques.

## IL MODERNISE L'EMPIRE

Il fait de nombreuses **RÉFORMES**

Il introduit une nouvelle **MONNAIE** d'or : le *solidus*.

Il crée des **IMPÔTS** équitables et réduit les taxes des paysans.

Le titre d'empereur devient **HÉRÉDITAIRE**.

**SES FILS**, Constantin II, Constance II et Constant Ier, lui succèdent.

Il entreprend des **CAMPAGNES MILITAIRES** victorieuses

Il réorganise l'armée en créant les ***COMITATENSES***.

Ces **UNITÉS** sont plus petites et plus mobiles que les légions.

Il combat les Francs, les Alamans et les Goths aux **FRONTIÈRES ROMAINES**.

# C'EST LE PREMIER EMPEREUR CHRÉTIEN

## Les chrétiens sont PERSÉCUTÉS

Le christianisme est une religion fondée sur le message de **JÉSUS**.

Il se répand dans l'Empire romain dès le **Ier SIÈCLE**.

Les chrétiens ne reconnaissent pas le statut **DIVIN DE L'EMPEREUR**.

**NÉRON** et les empereurs suivants les font persécuter.

Ils sont **TORTURÉS ET MASSACRÉS** dans des arènes.

## Constantin MET FIN à ces persécutions

Il promulgue **L'ÉDIT DE MILAN** en **312**.

Les chrétiens sont **LIBRES DE PRATIQUER** leur religion dans tout l'Empire.

En **325**, Constantin réunit le **CONCILE DE NICÉE**.

Il résume les principes fondamentaux du **CHRISTIANISME**.

Constantin est **BAPTISÉ** à sa mort, en **337**.

De nombreux habitants de l'Empire se **CONVERTISSENT**.

Le christianisme devient la **SEULE RELIGION** autorisée sous l'empereur **THÉODOSE**, en **392**.



# IL CRÉE UNE NOUVELLE CAPITALE

## Constantin s'installe à CONSTANTINOPLE en 330

En grec, ***CONSTANTINOU POLIS***, signifie «la ville de Constantin» (actuelle Istanbul).

Elle est située sur le site de l'ancienne ville de Byzance.

Au **CARREFOUR** des routes commerciales entre l'Europe et l'Asie.

## Elle devient ensuite la capitale de L'EMPIRE BYZANTIN

En **476**, c'est la fin de **L'EMPIRE ROMAIN D'OCCIDENT**.

Il ne résiste pas aux **BARBARES**.

Constantinople restera le centre de **L'EMPIRE ROMAIN D'ORIENT** pendant mille ans.

# AILLEURS DANS LE MONDE

Le terme « Antiquité » concerne l'Europe et les pays autour de la Méditerranée. Elle désigne la première période de l'histoire, après la préhistoire et avant le Moyen Âge. Cependant, au même moment, dans d'autres régions du monde, de grandes civilisations se sont aussi développées.

**-3000** : Construction des premières villes dans la **VALLÉE DE L'INDUS**

**-1200** : Début de la **CIVILISATION OLMÈQUE** dans le golfe du Mexique

**-590** : En Afrique, au sud de l'Égypte, Méroé devient la capitale du **ROYAUME DE KOUSH**.

**-560** : Naissance de **BOUDDHA** en Inde

**-551** : Naissance du philosophe **CONFUCIUS** en Chine

**III^e SIÈCLE AV. J.-C.** : Les Chinois inventent le **PAPIER**.

**-300** : Début de la construction de la grande **VILLE DE TEOTIHUACAN**, près de l'actuelle Mexico.

**AÇOKA** devient empereur d'Inde.

**-274**

**QIN SHI HUANG** proclame le premier empire de Chine.

Début de la construction de la **GRANDE MURAILLE**

**-221**

Qin Shi Huang meurt. Son **TOMBEAU**, gardé par une armée de soldats d'argile, n'est découvert qu'au XX^e^ siècle.

**-210**

Invention de **L'ÉCRITURE MAYA**

**VERS -200**

**EZANA I^ER^** devient roi d'Axoum (en Éthiopie actuelle) et premier souverain chrétien d'Afrique.

**325**

# Açoka

**Empereur d'Inde, Açoka règne sur un immense empire au IIIe siècle av. J.-C.**
Converti au bouddhisme, il fait tout pour diffuser cette religion.

## IL UNIFIE L'INDE

### Durant l'Antiquité, l'Inde connait plusieurs CIVILISATIONS

- La civilisation de **L'INDUS**
  - Dès **- 3000**, des **VILLES** apparaissent dans la vallée de l'Indus.

- La période védique, de **- 1750 À - 500**
  - Les **VÉDAS**, les plus anciens écrits de la religion **HINDOUE**, sont rédigés.

### Açoka est le troisième empereur de la dynastie des MAURYA

- Les Maurya règnent sur une partie de l'Inde après la mort **D'ALEXANDRE LE GRAND**.
  - Cette dynastie a été **FONDÉE** vers **- 321** par le grand-père d'Açoka.
- Il est sacré vers **-274** après avoir fait **ASSASSINER** son frère.
  - Açoka signifie **« SANS CHAGRIN »**.

### Il mène des guerres de CONQUÊTE

- Son empire recouvre alors presque toute la **PÉNINSULE INDIENNE**.
  - Il est le premier souverain à réaliser **L'UNITÉ DE L'INDE**.

### C'est d'abord un souverain très CRUEL

- On raconte qu'il aime **TORTURER** lui-même les prisonniers.
  - Il est surnommé **« CHANDA AÇOKA »**, c'est-à-dire Açoka le cruel.
- Il **MASSACRE** les habitants du royaume de Kalinga.
  - Ce royaume prospère, situé sur la côte est de l'Inde, lui résiste encore.
  - Vers **– 262**, Açoka réussit à **ANNEXER** ce territoire.
  - Mais plus de 100 000 personnes sont **TUÉES**.

Le bouddhisme **NAIT** dans le nord de l'Inde, vers **– 500**.

Il est aussi appelé **BOUDDHA**.

Cette religion repose sur l'enseignement du sage **SIDDHARTHA GAUTAMA**.

Il propose un chemin vers le **BONHEUR**.

# IL SE CONVERTIT AU BOUDDHISME

Il **RENONCE** à la guerre

Constatant la **DESTRUCTION** qu'il avait provoquée, Açoka est horrifié.

Il décide de ne plus faire la guerre.

Vers **– 257**, il choisit de se **CONVERTIR** au bouddhisme.

Il déclare que tous **SES SUJETS SONT SES ENFANTS**, quelle que soit leur religion.

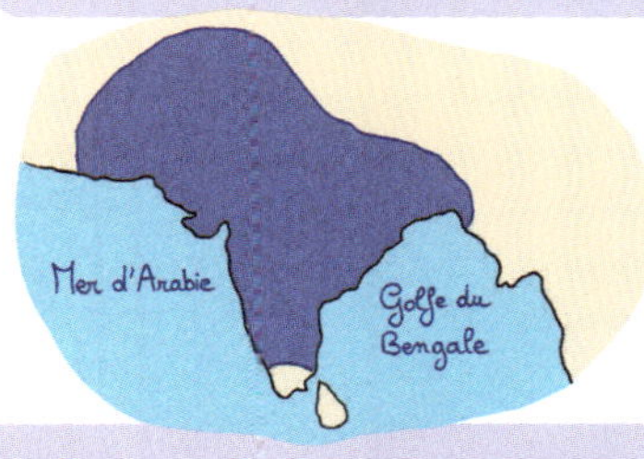


# IL RÉFORME SON EMPIRE

Il gouverne avec **JUSTICE**

Il abandonne la chasse pour faire des **PÈLERINAGES**.

Il construit des **HÔPITAUX** et des monastères.

Il diffuse le **BOUDDHISME**.

Il envoie des **MISSIONNAIRES** dans toute l'Asie et même en Occident.

Il réunit les responsables lors d'un concile pour fixer la **DOCTRINE**.

Il fait graver des **ÉDITS** sur des colonnes ou des rochers

Ces **MONUMENTS** sont dispersés dans tout l'empire.

Il s'agit des textes du «**DHARMA**», l'enseignement du bouddhisme.

Ils sont destinés à être **LUS PAR TOUS**, certains sont même écrits en grec !

**DIX-NEUF DE CES COLONNES** ont été retrouvées

Ce sont les **« PILIERS D'AÇOKA »**.

Elles mesurent 10 à **15 MÈTRES** de haut et pèsent plus de 50 tonnes.

Six d'entre elles comportent encore un **CHAPITEAU SCULPTÉ**.

Le chapiteau le plus célèbre est devenu **L'EMBLÈME NATIONAL** de l'Inde.

# Qin Shi Huang

**Fondateur de l'Empire chinois,** Qin Shi Huang entreprend deux réalisations grandioses : la grande muraille de Chine et l'armée de terre cuite qui garde son tombeau.

## C'EST LE PREMIER EMPEREUR DE CHINE

Il s'appelle **ZHEN YING** et monte sur le trône de Qin en **– 247**

- Le **ROYAUME DE QIN** est situé au nord de la Chine et doté d'une armée redoutable.
- La Chine est alors **MORCELÉE** en différents royaumes qui se font la guerre.
  - C'est la période des **« ROYAUMES COMBATTANTS ».**

À partir de **– 230**, il **CONQUIERT** les royaumes chinois

- En **– 221**, il proclame l'avènement de **L'EMPIRE**.
  - Il prend le nom de **SHI HUANGDI**, qui signifie : premier auguste souverain.
  - Il est surnommé le **« CÉSAR CHINOIS »**.

**LA CHINE** est l'une des premières régions habitées par l'homme

- Les premières **CIVILISATIONS** apparaissent dans le nord vers **- 3000**.
- Les premières traces **D'ÉCRITURE** chinoise datent d'environ **- 1400**.

## IL FAIT CONSTRUIRE LA GRANDE MURAILLE

C'est un grand **BÂTISSEUR**

- Il veut protéger les **FRONTIÈRES**.
  - Des milliers de **TRAVAILLEURS FORCÉS** construisent la Grande Muraille.
- Il fait construire trois grandes **ROUTES** traversant son royaume.
  - **L'ALLÉE CENTRALE** est réservée à l'usage de l'empereur.

La Muraille de Chine est l'une des **7 MERVEILLES DU MONDE**

- Sous le règne de Shi Huang, elle s'étend sur **5 700 KM**.
- Jusqu'au XVIIe siècle, elle est **AGRANDIE** et transformée.
  - Aujourd'hui elle totalise plus de **20 000 KM DE LONG**.

# IL UNIFIE SON EMPIRE

**Qin Shi Huang crée une ADMINISTRATION**

- Le territoire est divisé en quarante **COMMANDERIES**.
  - Chacune est administrée par un **PRÉFET** et un **GOUVERNEUR** militaire.
- Les **POIDS** et les **MESURES** sont les mêmes pour tout l'Empire.
- Les **CARACTÈRES** d'écriture sont unifiés.

**Il réprime SÉVÈREMENT l'opposition**

- Il brise la puissance de la **NOBLESSE**, pour mieux la contrôler.
  - Il fait **DÉMOLIR** les châteaux et les murailles des villes.
  - Les nobles sont **OBLIGÉS** de résider dans la capitale, l'actuelle Xi'an.
- Les **INTELLECTUELS** qui s'opposent aux réformes sont exécutés ou exilés.
- En **– 213**, Qin Shi Huang fait **BRÛLER** la plupart des livres classiques.

# IL SE FAIT CONSTRUIRE UN INCROYABLE TOMBEAU

**Pour le garder, Qin Shi Huang fait fabriquer une ARMÉE**

- Des milliers de **SOLDATS**, de chevaux et de chars sont créés **EN TERRE CUITE**.
  - Ils sont tous **DIFFÉRENTS** les uns des autres.
  - L'ensemble est recouvert d'une immense **COLLINE ARTIFICIELLE**.
- Les **TRAVAUX** durent 36 ans, jusqu'à la mort de l'Empereur, en **– 210**.

**La TOMBE de Qin Shi Huang se trouve au centre**

- Découvert en 1974, ce site est classé au **PATRIMOINE MONDIAL** de l'UNESCO.
  - Les **ARCHÉOLOGUES** n'ont pas fouillé la tombe.
- Une **LÉGENDE** dit qu'elle renfermerait des pièges mortels.
  - Comme une rivière de mercure (un métal dangereux), des flèches et des arbalètes.

# Ezana

**Au IVe siècle, sous le règne de ce souverain devenu chrétien,**
le royaume éthiopien d'Axoum est au sommet de sa puissance.
C'est l'un des grands empires africains de l'Antiquité.

## IL EST ROI D'AXOUM

**Le royaume d'Axoum est situé au nord de L'ÉTHIOPIE actuelle**

- Il s'étend sur un **VASTE TERRITOIRE** allant de la mer Rouge au Soudan actuel.
- C'est l'une des quatre grandes **PUISSANCES** de l'époque avec la Perse, Rome et la Chine.

**Ezana devient ROI vers 325**

- Il est encore jeune et sa **MÈRE** assure d'abord la **RÉGENCE**.
- le titre de titre **« ROI DES ROIS »** et règne jusqu'en **356** environ.
  - C'est l'un des souverains les plus importants de **L'HISTOIRE D'AFRIQUE**.

## IL ADOPTE LE CHRISTIANISME

**Les habitants du royaume sont POLYTHÉISTES**

- Les Axoumites croient en plusieurs **DIEUX**.
  - **MAHREM**, le dieu de la guerre, est le plus important.
  - Au début de son règne, Ezana lui dédie des **MONUMENTS**.
- Ils **COMMERCENT** avec les provinces nord-africaines de l'Empire romain.
  - Dans ces provinces, la **RELIGION CHRÉTIENNE** est autorisée.
  - C'est ainsi que les Axoumites la **DÉCOUVRENT**.

**Ezana est BAPTISÉ vers 330**

- Le royaume adopte officiellement la **NOUVELLE RELIGION**.
  - De premières **ÉGLISES** sont construites.
  - Sur les pièces de monnaie, une croix remplace les symboles païens.

# IL PORTE LE ROYAUME À SON APOGÉE

Ezana **UNIFIE** le royaume d'Axoum

- Grâce à des **CAMPAGNES MILITAIRES**, il étend sa domination sur la Nubie (au sud de l'Égypte et au Soudan actuels).
- Il simplifie **L'ALPHABET GUÈZE**, l'écriture des Éthiopiens.
- La **CAPITALE, AXOUM,** compte alors près de 500 000 habitants.

Le **COMMERCE** est florissant

- Le royaume dispose d'immenses **RICHESSES**. — Il exporte de **L'ENCENS, DE L'IVOIRE ET DE L'OR**.
- Il est au centre des plus importantes **ROUTES** commerciales. — Il est en **LIEN** avec l'Inde et la Méditerranée, notamment l'Empire romain.
- Signe de puissance, le royaume frappe ses propres **MONNAIES**. — Certaines pièces ont été retrouvées **JUSQU'EN INDE** ou au Sri Lanka.



# SON ROYAUME EST CONNU POUR SES STÈLES MONUMENTALES

Les rois d'Axoum font élever des **MONUMENTS DE PIERRE**

- Ces stèles montrent leur **PUISSANCE** ou marquent l'emplacement d'un tombeau.
- On les appelle aussi **OBÉLISQUES**, car elles ressemblent aux obélisques égyptiens.

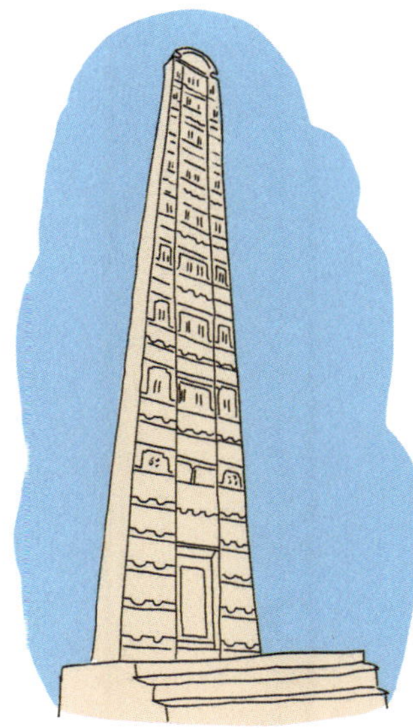

Visibles aujourd'hui, ces stèles témoignent de la **GRANDEUR** du royaume

- Elles mesurent de **20 À 30 MÈTRES DE HAUT** et pèsent plusieurs centaines de tonnes.
  - La plus grande fait 33 mètres pour **517 TONNES**.
  - Elles font partie des plus gros **MONOLITHES** façonnés par l'homme.
- Ces monolithes (blocs de pierre) étaient **TAILLÉS** à plusieurs kilomètres. — Ils étaient **ACHEMINÉS** à l'aide de troncs d'arbres.

# Index

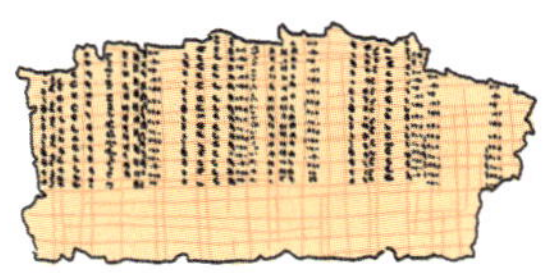